# 대학·중용

명역고전

# 대학 중용

증자·자사 지음 김원중 옮김

Humanist

## 일러두기

1. 이 책은 내각본內閣本(1820년 간행, 2003년 학민문화사 영인본)인 주희朱熹의 《대학장구大學章句》와 《중용장구中庸章句》를 저본으로 삼았으며, 장이나 단락의 구분도 대부분 이 책을 따랐다. 아울러 중국 중화서국中華書局의 《사서장구집주四書章句集注》도 주요 판본으로 삼아 교감 등에 활용했다.
2. 주석은 주희의 주해 부분을 참조하되 역자의 번역 원칙을 견지했다. 또한 정약용을 비롯해 여러 주석가의 의견도 제시함으로써 독자들이 다양한 해석의 가능성을 접할 수 있도록 했다.
3. 번역은 직역을 원칙으로 하면서도 의미를 정확히 전달하기 위해 원문에 없는 내용을 보충할 때는 대괄호 안에 표시했다.
4. 각 장 앞에 붙인 해설은 이어지는 본문을 이해하는 데 도움이 되도록 서술했고, 본문의 각주 등에 덧붙인 상세한 해설과 중복되지 않도록 노력했다.
5. 각 장과 절의 제목은 독자의 이해를 돕기 위해 역자가 임의로 붙인 것이다.
6. 찾아보기는 개념과 서명, 인명 등의 항목을 정리해서 자세히 만들고자 노력했다.

# 서문

주희는 사서로 대변되는 유가 경전 가운데 《대학》과 《중용》을 가장 먼저 읽어야 할 책과 맨 마지막에 읽어야 할 책으로 꼽았다. 《논어》나 《맹자》에 비해 편폭이 짧지만 사서의 처음과 끝을 장식하는 중요한 책이라고 분명히 밝혔고, 이런 독서법은 금과옥조처럼 지켜졌다.

《대학》과 《중용》은 서지학적으로 《예기》의 일부분일 뿐이지만, 주희의 발언과 치열한 노력 덕분에 《논어》나 《맹자》에 비견될 만큼, 아니 그보다 더 강력한 위상을 확보하면서 유학의 판도가 오경보다도 사서 중심으로 바뀌는 결정적 계기를 마련했다. 즉 유학으로 들어가는 초학자의 입문서가 《대학》이라면, 《중용》은 공자 문하의 심법心法에서 요체 역할을 한다는 데 이견이 없었다.

주희는 이 두 권의 책을 단순히 채택만 한 것이 아니라 장구章句라는 말을 붙여 전혀 다른 의미로 확장하려고 시도할 만큼 이 두 책에 공들인 흔적이 역력하다. 자신의 사상을 대폭으로 개입시켜 글자뿐만 아니라 심지어 문장 순서도 바꾸는 원본 개조 작업도 병

행하여 유학의 본령을 확립하려는 의도를 드러냈다.

주희의 학문체계인 성리학에서는 사서가 구심점 역할을 하는데, 특히 《대학》과 《중용》은 조선의 유학자들에게 주희의 학문을 받아들이고 실천하기 위한 핵심 텍스트로 자리 잡았다. 사실 주희의 채택이 아니었다면 이 두 권의 책이 유가의 비조인 공자와 그 제자들의 어록인 《논어》나 아성 맹자의 어록인 《맹자》와 대등한 지위를 누릴 수 없었고, 그저 《예기》를 읽다가 마주하게 되는 두 편에 불과할 수 있었을 것이다. 이러한 주희의 강력한 의지에 따라 중국과 조선 유학의 새로운 차원이 구축되었고, 동양적 사유의 기본 틀이 세워졌다.

유학 입문서로서 《대학》을 읽는 것은 의미가 있다. 《대학》을 어떻게 읽어야 할까? 무엇보다도 자신을 닦고 집안을 다스리는 것이 실제적인 정치에 매우 중요한 것임을 일깨워준다. 자식 사랑의 치우침을 경계하고, 왜곡된 물욕을 경계하고, 위정자는 모름지기 재물을 올바른 곳에 쓰라고 경계하는 등 어느 한 문장도 소홀히 할 수 없는 깊이를 보여준다. 그러기에 율곡 이이를 비롯하여 김장생이나 윤휴 등 조선시대의 지성 상당수가 이 책의 의미를 확장한 주석서나 해석서를 남긴 것이 아니겠는가?

《중용》은 《대학》보다 꽤 어렵다. 이 두 권에 온 정성을 들여 편집한 주희조차도 어렵다고 할 정도였다. 이런 이유로 인해 선현들은 《중용》을 읽고 또 읽으며 그 심오한 의미를 깨닫고자 늘 노력했다.

'중용'이라는 단어는《논어》에 이미 나왔으나 공자도 꽤 어렵게 생각했기에 이 경지에 다가서려고 노력한 것을 보면 모든 지식인의 공통과제였던 셈이다. 단순한 자구의 의미보다는 인간과 도, 그리고 하늘과 성인 및 '성誠' 등의 개념을 종횡무진 넘나드는《중용》의 광범위함에도 난해함을 느끼게 될 것이다. 그러나 읽으면 읽을수록 곱씹는 맛이 분명히 있다.

이번 번역 작업은 2012년에 출간한《논어》의 연장선에서 이루어진 것으로, 한편으로는 한문교육과의 전공과목인 '대학·중용강독'의 결과물이기도 하다. 수업 시간에는 백문白文으로 된 주희의《대학장구》와《중용장구》를 텍스트로 삼는데, 이 번역 원고를 부교재로 사용하기도 했다. 나는 매년 학생들에게 이 두 권의 책을 강독하면서 내 삶을 되돌아보고, 수신과 제가 그리고 치세와 중용이 왜 어려운지 새삼 느끼게 되었다.

본래는 각기 사상적 면모가 분명히 다른 책이라서 두 권으로 나눠야 하지만, 편의상 한 권으로 묶어 낸다. 성리학의 이론체계와 단서들이 스며들어 있는 이 두 권의 책이 다소 난해하게 느껴질 수도 있다. 하지만 되도록 읽기 쉬우면서도 고전의 품격을 잃지 않는 우리말로 번역하고자 했으며, 세밀한 각주를 통해 다양한 해석을 독자들에게 보여주고자 했다. 또한 열린 텍스트를 지향하고자 노력했는데, 목표를 얼마나 이루었는지 그 판단은 오로지 식견 있는 강호제현의 몫이다.

2020년의 봄이 왔으나 봄은 정녕 오지 않은 듯하다. 눈앞에 놓인 현실이 그러하지만, 이런 때일수록 내면을 닦고 진정한 수양과 덕치의 고전 속으로 들어가 보는 것도 삶의 또 다른 의미를 얻는 길이 아닐까?

2020년 3월

죽전의 연구실에서

김원중

차 례

## 《중용中庸》

# 대학大學

# 해제

## 《대학》과 《중용》의 탄생 배경과 주희의 역할

《대학大學》과 《중용中庸》이 나오게 된 송 대宋代의 사상적 배경은 이러하다. 송 대는 유가儒家를 표방했으므로 기본적으로 사상과 문화, 풍속 등 모든 방면의 사유체계가 유가에서 나왔다. 그런데 문치를 숭상하다 보니 자연스레 국방력의 약화로 이어졌고, 1127년 북방의 이민족이 쳐들어와 금나라를 세우자 남송南宋 시대가 열린다. 서로 다른 문화를 북방과 남방이 공유하는 상황이 되자 지식인의 사회적 책임감과 정치 참여 의식이 고양되었다. 그래서 지식인들은 벼슬길에 오르기 전부터 천하를 걱정했고, 관직에 나가서도 자신들의 뜻을 펼치려고 했으며, 책임감 또한 이전 시대 지식인과는 달랐다. 송 대 사대부의 현실 참여 의식과 사명감은 "천하가 걱정하기 전에 먼저 걱정하고 천하가 즐거워한 이후에 즐거워해야 한다[先天下之憂而憂, 後天下之樂而樂]."라는 범중엄范仲淹의 발언에서 이미 선명하게 드러나고 있었다. 말하자면 대중보다 먼저 근심하고 나중에 즐긴다는 이타주의적 사유가 그들의 내면에 깊이 자리 잡고 있었다.

이런 시대적 상황에서 유학을 새롭게 해석한 학자가 다름 아닌 주희朱熹였다. 주희는 송 대 지식인의 정신을 학술 사상에 그대로 반영하여 송 대 학풍을 열었으며, 무엇보다도 유가의 회복에 뜻을 두었다. 선진先秦 시기의 유학은 쇠락한 예악禮樂, 정치 및 문화의 재건을 주요 과제로 삼은 데 비해, 도가나 불교는 명리名理, 현학玄學, 심성학心性學 등의 개념과 결합하면서 새로운 사상으로 변화를 거듭하고 있었다. 이러한 상황에서 신유학新儒學은 도가와 불교를 비판하고 새로운 시대에 걸맞은 유학을 건설하기 위해 우주본체론宇宙本體論, 인성론人性論, 공부수양론工夫修養論, 정치·사회철학 같은 철학적 이론체계의 확립을 절실하게 바랐다.



아울러 유학자들은 사회 지변에 빈중을 중심으로 널리 퍼진 불교에 대해 특히 깊은 우려를 나타냈다. 인륜을 저버리는 승려와 신도의 증가는 적지 않은 사회 문제를 일으킬 수 있다고 보았기 때문이다. 말하자면 유학의 핵심은 가족인데, 불교는 가족의 해체를 전제했고, 수신제가와 치국을 같은 흐름 속에서 바라보는 유가의 시각으로 볼 때 당연히 배척해야 하는 대상이었다.

《대학》은 《중용》과 더불어 오경五經 중 하나인 《예기禮記》의 한 편명으로 수록되어 있었던 것을[1] 주희가 진면목을 알아채고 책으로 격상시켰다. 주희는 《대학》의 첫머리에 나와 있는 세 가지 강령과 '수신修身', '제가齊家', '치국治國', '평천하平天下' 등의 조목에 주목했다. 이런 명제들은 적어도 사회적 도덕을 실천함으로써 국가를 확립한다는 명제에 충실할 수 있는 확고한 근거로 충분하다고 보았기 때문이다. 물론 이런 유가의 가족 중심 윤리 사상은 비판적인 시각에서 바라볼 소지도 있다. 선진 유학과 마찬가지로 군주와 신하, 아버지와 아들, 남편과 아내, 형과 아우, 친구와 친구 사이의 친소관계가 강조되어 객관적인 정치가 가능하느냐는, 일종의 감성주의적 정치 성향이 문제가 될 수도 있다. 그러나 주희는 유학의 본령을 회복하는 것이 한족의 자존심을 회복하는 길이라고 판단했고, 그런 사상적 흐름을 주도할 독서의 구심점을 확립해야만 했다.

## 사서에 《대학》과 《중용》이 들어간 이유



주자학을 대표하는 주희는 이정二程(정호程顥·정이程頤)의 제자들에

---

1) 《예기》는 여러 학자가 정리한 책으로, 수록된 내용은 시대마다 편차가 있다. 진시황의 분서갱유를 겪고 난 이후에 한나라 때 정리된 것이어서 적지 않은 부분에서 위작 시비가 있었고, 저작 연대 역시 이설이 분분하다. 물론 《예기》에 수록된 내용이 유가에 의해 지어진 것이 대부분이고, 그 시기 역시 전국시대에서 한나라 초기라고 보는 것이 대체적인 견해이며, 《예기》에서 《대학》과 《중용》 두 편이 독립되면서 세상의 주목을 받기 시작했다.

의해 번성한 북송 시대의 유학을 종합하여 계통을 세운 인물이다. 주희의 자는 원회元晦이고, '회암 선생晦庵先生'이라고 불렸으며, 그의 학파는 민학閩學으로 불렸다. 주희는 아버지를 일찍 여의고 학업에 정진한 결과 열여덟 살 때 과거 예비시험에 합격하고 이듬해 본시험에 합격하여 스물네 살 때 관직에 나아가 실권 없는 공무를 부단히 수행하며 한편으로는 학자로서 발군의 역량을 발휘했다. 기존 오경 중심의 유학을 사서 중심의 신유학, 즉 성리학으로 탈바꿈한 그는 늘 "나는 게으름을 피우지 못하는 자"라면서 제자 467명을 기른 대유학자였다.

그는 자신의 말이나 행동 또한 신유학[2)]에 맞추었다. 그는 모든 사물은 형식의 기본 원리인 '이理'와 질료質料라고 할 수 있는 '기氣'를 가지고 있다고 보았다. 주희는 우주와 그 안에서 개인이 차지하고 있는 위치에 대한 폭넓은 철학적 관점을 제공했다. 그는 수·당 시대의 유교를 비판하고 주 대 후기 및 한 대 후기의 유교 경전으로 돌아갈 것을 주장했다. 그는 약 120권에 이르는 십삼경十三經에



2) '신유학이 누구에게서 시작되었는가' 하는 문제에는 다음과 같은 시각이 있다. 도道·불학佛學에 맞선 유학의 부흥운동이라는 점에서는 한유韓愈와 이고李翺부터 시작되었다고 할 수 있고, 문제의식과 이론이 갖추어졌다는 점에서는 주돈이周敦頤부터 시작되었다고 할 수 있다. 그러나 오늘날 이학理學, 심학心學의 이론적 문제는 정호, 정이 형제에게서 나왔고, 이학은 주희에 의해 집대성되었으며, 심학은 육구연陸九淵, 왕수인王守仁에 의해 완성되었다.

서 유교 사상의 핵심이 담겨 있는《논어》,《맹자》,《중용》,《대학》을 간추려내어 사서四書라는 이름으로 편찬했다.

요임금, 순임금, 우임금, 문왕과 무왕에 이어 당대의 고문古文 운동가인 한유韓愈와 유종원柳宗元까지 이어져 내려오다가, 남송의 정자程子와 주희에 이르러 완성된다는 것이 유가 도통론道統論의 틀이다. 주희는《대학장구大學章句》의 서문에서 "《대학》이라는 책은 공씨가 남긴 글이고, 처음으로 배워 덕에 들어가는 문이다.[《大學》, 孔氏之遺書, 而初學入德之門也.]"라고 분명히 밝혔다. 한 걸음 더 나아가《대학》은 덕德으로 들어가기 위해 가장 먼저 읽는 책이라고 하면서 덕의 의미를 제대로 알기 위해서는《대학》,《논어》,《맹자》,《중용》 순으로 읽어야 한다고 말했다.

> 대체로《대학》보다 먼저 함이 없으니 강령을 잡지 않고서《논어》와《맹자》의 정밀하고 미묘함을 다할 수 없기 때문이며,《논어》와《맹자》를 읽지 않으면 융회관통融會貫通하여《중용》의 돌아가는 길을 다할 수 없어《중용》에서 지극함을 이해할 수도 없으며, 큰 기본을 세우고 큰 벼리를 논하며 천하의 책을 읽거나 천하의 일을 거론할 수도 없다.[3)]



3) "蓋不先乎大學, 無以提擊綱領, 而盡語孟之精微, 上參之論孟, 則無以融會貫通, 而極中庸之指趣, 然上會其極於中庸, 則又何以建立大本, 經綸大經, 而讀天下之書, 論天下之事哉."(《대학혹문大學或問》)

지금에 가히 옛사람이 학문을 위해 순서를 매긴 것이 유독 이 편의 존재에 의지함을 볼 수 있고, 《논어》와 《맹자》를 그다음으로 하니, 배우는 자는 반드시 이로 말미암아서 배워나간다면 아마도 거의 어긋남이 없을 것이다.[4)]

위의 두 인용문은 주희가 쓴 책에서 따온 것이다. 주희는 《대학》이 강령綱領이고 《중용》은 대본大本이며, 두 책은 서로 융회관통한다고 설명한다. 그는 천인합일天人合一의 이치를 이해하는 핵심이 이 두 책 속에 있다고 보았다. 이 책들이야말로 주희의 학술사상에서 처음과 끝이 되므로, 그가 《대학장구》에서 시작하여 《중용장구》에서 마무리하려는 의도가 분명하다.

물론 사서라는 계보 속에는 공자가 공통으로 들어가 있다. 공자는 항상 "나는 주나라를 따르겠다.[我從周.]"라고 했다. 주나라의 기원인 요, 순, 문왕과 무왕의 대를 이어 공자인데, 공자를 이을 사람이 필요했다. 공자가 그토록 아꼈던 제자인 안회顔回가 도통을 잇지 못하고 요절하자, 또 다른 제자인 증자曾子가 《대학》을 지어 도통을 이었다.[5)] 또한 《중용》을 쓴 사람이 공자의 손자인 자사子思이니, 따



4) "於今可見古人爲學次第者, 獨賴此篇之存, 而論孟次之. 學者必由是而學焉, 則庶乎其不差矣."(《대학장구大學章句》)

지고 보면 공자의 사유가 다 배어 있는 셈이다.

주희는 《대학》과 《중용》이 자신의 수양과 나라의 통치를 위한 중요한 이론이며 지침이 되기에 전혀 부족함이 없는 명저라고 판단했다. 《중용》이 도덕적 보편성과 필연성을 이론적으로 제공한다면, 《대학》은 도덕과 지성을 하나의 영역으로 묶어놓은 책이다. 《논어》나 《맹자》와는 달리 내용이 논변적이고 형이상학적이라는 점에서 두 책이 차지하는 위상과 비중은 상당히 크다.

## 주희가 《대학장구》에 온 힘을 기울인 이유

'대학'이라는 이름은 정현鄭玄이 《삼례목록三禮目錄》에서 "대학이라고 한 것은 그것으로써 박학博學을 기록하고 있어 정사를 할 수 있기 때문이다.[大學者, 以其記博學, 可以爲政也.]"라고 한 데서 나왔다. '대학大學'에서 '대大' 자의 독음은 '대'와 '태' 두 가지다. 주희처럼 '대

5) 주희는 《대학장구》에서 경문經文은 공자의 말씀을 증자가 서술한 것이고, 나머지는 제자들이 증자의 취지를 서술한 것이라고 기록했다. 이것이 막강한 영향력을 발휘하여 증자가 《대학》의 저자라는 설이 자리 잡았다. 증자는 공자보다 46세나 어린 제자였다. 증자의 아버지는 공자의 제자인 증점曾點으로, 공자는 부자父子를 모두 제자로 삼았다. 공자는 증자가 그다지 총명하지 않다고 여겼는데, 오히려 우직한 증자가 공자의 학문을 계승했다는 점도 특기할 만하다.

학'이라고 읽으면 소학과 상대되는 뜻이 되고, '태학'이라고 읽으면 고대의 학궁學宮, 즉 교육기관이란 뜻이다. 한나라 때 모든 학문을 세운 것이 태학太學이고, 15세 이상의 귀족 자제들이 배울 수 있는 일명 국립대학이다. 반면 동양 최초의 사립대학이라고 할 수 있는 서원書院은 주희가 처음 세웠다고 할 수 있다. 서원에서 가르치는 과목도 사서 위주의 유가 경전이다. 태학에서 가르치던 사람들을 교수敎授 또는 박사博士라고 하는데, 오늘날의 교수와 박사라는 말이 여기서 나왔다. 태학에서 오경을 가르쳤으므로, 태학의 교수와 박사를 '오경박사五經博士'라고 불렀다.

송나라 왕응린王應麟이 편찬한《옥해玉海》에 "송나라 인종仁宗 천성天聖 8년에 새로 급제한 진사 왕공진王拱辰에게《대학》을 하사했다."라는 기록이 있는 것으로 미루어볼 때, 일찌감치《예기》에서 독립한《중용》과 달리《대학》은 송 대 인종 재위 중에 독립했다. 그리고 최초의 주석으로는 사마광司馬光의 것을 거론하지만, 그에 관한 내용은 전하지 않는다. 사마광 이후 많은 주석서가 나왔는데, 정호와 정이에 이어 주희가 개정한《대학》이 나옴으로써 원래의《대학》을《고본대학古本大學》이라 하여 구분하고, 개정 전 한 대·당 대 주석을 '고주古注', 송 대 정호·정이, 주희의 주석을 '신주新注'라고 구분한다.

주희는 마흔세 살 때인 1172년《대학장구》의 초고를 완성했다.《주자어류朱子語類》 권40에 다음과 같은 내용이 나온다.

하루는 학생들에게 《대학》을 보여주며 말했다. "나는 평생의 정력을 이 책에 다 쏟아부었다. 먼저 이 책을 통달하고 나서야 바야흐로 글을 읽을 수 있다." (……) 사마온공(사마광)이 《자치통감》을 만들고서 말하기를 "신 평생의 정력이 모두 이 책에 있습니다."라고 했는데, 나에게도 《대학》이 그러하다. 《논어》, 《맹자》, 《중용》은 도리어 힘을 기울이지 않았다.[6]

온 정력을 쏟아부었다는 주희는 《예기》에서 분리된 '대학'을 《대학장구》라고 이름 붙이고 경經1장과 전傳10장의 체계로 나누고, '명명덕明明德', '친민親(新)民', '지어지선止於至善'을 '삼강령三綱領'으로, '격물格物', '치지致知', '성의誠意', '정심正心', '수신修身', '제가齊家', '치국治國', '평천하平天下'를 '팔조목八條目'으로 삼았다. 팔조목을 보자.



사물의 이치를 구명한 뒤에 앎이 이르고, 앎이 이르고 난 뒤에 뜻이 정성스러워지고, 뜻이 정성스러워진 뒤에 마음이 바르게 되고, 마음이 바르게 되고 난 뒤에 몸이 닦아지고, 몸이 닦아지고 난 뒤에 집안이 다스려지고, 집안이 다스려지고 난 뒤에 나라가 다스려지고, 나라

6) "一日, 教看大學, 曰: "我平生精力盡在此書. 先須通此, 方可讀書." (……) 溫公作通鑑, 言: "臣平生精力, 盡在此書." 某於大學亦然. 論孟中庸, 卻不費力."

가 다스려지고 난 뒤에 천하가 평정된다.[7)]

그러고는 《고본대학》 제2장 '성의장誠意章'에 속해 있던 것을 앞으로 옮겨 '삼강령'을 재해석한 전문으로 개편하고, 그 뒤에 '본말전本末傳'을 별도로 두어 편집했다. '격물치지전格物致知傳'에 빠진 문장이 있다고 판단하고는 자신이 직접 해당 내용을 기술하는 방식을 취해 '보망장補亡章'을 새로 추가하는 모험을 감행했다.

주희는 자신이 재편집한 의도를 《대학장구》의 서문에서 이렇게 말했다.

> 모든 전문은 경과 전을 섞어 인용하여 마치 계통과 벼리가 없는 듯하다. 그러나 글의 원리가 이어지고 혈맥이 관통하여 깊고 얕음과 처음과 끝이 지극히 정밀하니, 숙독하고 자세히 음미하면, 오래되면 마땅히 알 수 있을 것이므로 이제 다 해석하지 않는다.[8)]



주희가 편찬의 원칙으로 삼은 대체적인 사안들이 일목요연하게

---

7) "物格而後知至, 知至而後意誠, 意誠而後心正, 心正而後身修, 身修而後家齊, 家齊而後國治, 國治而後天下平."

8) "凡傳文, 雜引經傳, 若無統紀, 然文理接續, 血脈貫通, 深淺始終, 至爲精密. 熟讀詳味, 久當見之, 今不盡釋也."

드러나니, 그의 의도는《대학》의 경·전과 삼강령, 팔조목의 논리 구조를 제대로 구현하는 데 중점을 둔 것으로 보인다.

### 주희가 재분류한《대학》의 구성

그렇다면 주희가 재분류한《대학》의 구성은 어떠한가? 주희가 펴낸 것은《대학장구》인데, 경經·전傳과 장절章節의 구분이 없던 것을 장구를 나누고 주석을 붙이고 본문을 교정·이동했다. 좀 더 자세히 살펴보자.

경 1장은 공자께서 말씀하신 '대학의 도'를 증자가 서술한 것이고, 전 10장은 증자의 말을 그 제자들이 다시 기록한 것이다. 즉《대학》은 공자의 말씀인 경문經文과 증자의 말씀인 전문傳文으로 구성되어 있다. 그 내용은 대부분《논어》와《맹자》의 내용과 긴밀한 상관관계를 이룬다. 이를 바탕으로 탄생한 사서는 관학이 되면서 일종의 통치 교과서 역할도 충실하게 수행한다.

주희에 의해《대학》의 지위는 확고해졌지만,《대학장구》는 주희의 의도가 적극적으로 개입된 구성이라는 점에서 논란의 여지가 있다.

몇 가지 사안만 보기로 하자. 우선 삼강령에 대한 논의는 적지 않은 논란을 일으켜왔다. '명덕明德'이 함축하고 있는 내용과 주희가

'친親'의 개념을 '신新'으로 교열한 것, 그리고 '지선至善'의 의미 문제 등이 바로 그것이다.

'명덕'의 개념부터 설명해보자. 주희는 격물치지에 접근하는 것에서 출발하여 사물의 이치와 마음의 본질을 탐구해야 한다고 주장한다. 명덕을 심성의 문제와 연관시키는 이유가 그것이다. 명덕을 인간이 실현해야 할 가치로 본다면 명덕을 밝히는 것은 바로 격물·치지와 성의·정심의 문제와 직결된다. 주희가《대학》을 해석하면서 이 문제를 강조한 것은 유학만이 당시 만연하던 도교나 불교와 대적할 수 있었기 때문이다. 즉 유학의 수양이론이 공부에서 출발한다면, 주희가《대학장구》를 통해 논의하고자 하는 사유는《대학》이 얼마나 높은 사상사적 지위를 갖고 있는가 하는 점으로 귀결된다. 덕치를 표방하는 유가의 정치는 도덕 수양이 잘되고 높은 수준의 지식과 능력을 갖춘 인간의 정서가 하늘의 이치를 본받은 도덕 질서에 따라 정치 행위로 베풀어졌다는 점에서 선진 유학이 추구했던 덕치와 인치의 맥락과 닿아 있다.

여기서 주목할 점은, 주희는 인간의 본성이 사물에도 똑같이 내재해 있다고 인식해 사물에 대한 탐구야말로 인간 탐구의 전제가 된다고 본 것이다. 그러므로《대학》의 '전傳'에 '격물치지' 항목이 없는 것을 이상하게 생각했고, 사물의 이치를 탐구함으로써 인간이 수양된다고 주장하는 '보망장'을 넣은 것이다. 그가 '격물치지'와 '성의정심誠意正心'을 두 단계의 학문 과정으로 생각해서《대학》을 팔조목으로 나누었다고 보는 것이 연구자들의 일반적인 견해이다.

주희가 삼강령 중에서 '명덕'의 문제를 개인의 수양 차원에서 해석하고, 개인의 수양을 사회와 국가로 확장하여 백성을 교화해야 한다는 명제를 갖고 있음은 주지하는 바다. 그렇다면 백성을 새롭게 한다는 의미는 무엇인가. 도덕적인 감화로 아름다운 풍속을 지니게 된다는 뜻이다. 바로 수신을 통해 국가가 다스려지는 것을 의미하므로 주희는 '친민親民'을 '신민新民'으로 교열해야 한다고 주장한다. 말하자면 주희는 전2장에서 예로 든 옛 문헌들이 모두 새롭게 한다는 '신新'의 내용임을 근거로 '친親'을 '신新'으로 바꿔야 한다고 주장한 것이다. 물론 이 점에 대해 왕수인은 친함은 자신으로부터 점차 대상을 확장하는 것이므로 주희의 견해가 잘못되었다면서 굳이 교열할 필요성을 느끼지 않는다고 했는데, 후세의 연구자 대부분은 주희의 견해에 별다른 이의를 제기하지 않는다.

'지선至善'에 대해 주희는 인간이 도달해야 하는 지향의 문제로 파악한다고 했다. 세상 만물의 이치를 탐구하고 축적하여 깨달음을 얻어 지극한 선에 도달하는 것이 바로 천하를 태평하게 하는 경지인 것이다. 즉 모든 대상이 내재하고 있는 '지선'의 이치를 천하에 드러낸다는 의미이다.

결국 주희가 주장하는《대학》은 15세 이상 왕이나 공경대부의 자제들, 사대부의 적자 등이 공부하는 내용으로, 8세 때 '소학小學'에서 익힌 기본적인 생활 도덕의 근거를 밝히는 공부, 즉 격물치지인 셈이다. 사물을 탐구하여 자신의 지식을 확장한다는 격물치지의 명제는 그 후 성리학자뿐만 아니라 반대파에 있는 학자들도 늘 고뇌하게 만드는 핵심 화두가 되었다. 《대학》을 구성한 주희의 관점은 분명 유학 사상을 체계화하는 과정의 일환이다. 남송 시기의 주희가 없었다면 성리학은 성립되기 어려웠을 것이며, 《대학》이 획득한 권위 역시 번영하지 못했을 것이다.

## 《대학》을 어떻게 읽을 것인가

주희가 《대학》, 《논어》, 《맹자》, 《중용》의 순서로 읽으라 했고, 이러한 순서는 율곡 이이의 《격몽요결擊蒙要訣》의 독서 지침에도 그대로 수용되었을 정도로 영향력 있는 주장이었다.

'소학'은 소인지학小人之學이고, '대학'은 대인지학大人之學이다. 《중용》에서는 '군자君子'와 그보다 높은 경지의 '성인聖人'이 거론되는데, 《대학》에서는 '대인大人'이라는 말[9]도 등장한다. 주희의 입장



9) '대인'은 《논어》〈계씨〉 편 "군자에게는 세 가지 두려워하는 것이 있다. 천명을 두려워하고, 대인을 두려워하며, 성인의 말씀을 두려워한다.[君子有三畏. 畏天命, 畏大人, 畏聖人之言.]"라는 구절에도 보인다.

은 "《대학》을 통해 학문의 규모를 정하고, 《논어》에서는 근본을 배우며, 《맹자》에서는 발현된 부분을 관철하고, 《중용》에서는 옛사람의 미묘한 부분을 구하라."라는 것인데, 바로 이 점이 사서의 독법이다.

책 읽는 법에 관한 주자의 관점은 꽤 유명하다. 주희는 책을 읽을 때는 반드시 마음을 경건하게 가져야 한다고 강조했다. 경건함이란 일상적인 사고와 행위를 하는 데 외부 환경의 유혹에 이끌리지 않도록 마음을 붙들어 매는 것을 말한다. 이와 아울러 '허심虛心'과 '절기切己'도 강조했다. '허심'은 선입견을 물리쳐서 모든 의견을 경청할 수 있도록 마음을 열어놓는 자세이고, '절기'는 어떠한 문제를 풀기 위해 간절하게 도움을 구하는 태도이다.

주희는 사서 중 《대학》을 가장 먼저 읽어야 하는 이유를 이렇게 들었다. 사람으로 태어나 큰 공부를 하는 일을 세 가지 강령과 그에 따른 여덟 가지 조목을 중심으로 무엇이 가장 중요한지, 왜 공부해야 하는지, 어떤 마음으로 임해야 하는지 등 공부의 목적과 그 기본 자세와 방향을 제시하고 있어서 갈피를 잡지 못하는 이에게 강력한 지침이 된다는 것이다.

이처럼 《대학》을 읽는 이유는 인간다운 삶을 살기 위한 자기 수양과 치세를 위한 기초 인문학적 소양 함양에 있다. '대인의 학문'이라는 말처럼, 이로움이나 추구하는 '소인'의 삶의 방식이 아니라 '군자'의 면모를 지키면서 어떻게 처신하는 것이 진정한 자기 정립의 지점인지 알아야 하지 않겠는가? 특히 지도자가 될 사람은 마땅히 '수기치인'의 도리를 먼저 알아야 한다. 즉《대학》은 인격 형성과 인간다운 삶을 위한 기본 지침서로 읽어야 하는 것이다.

오늘날 오직 돈이 최고라는 물질만능주의, 내가 아니라 남 탓이라는 아집과 편견이 대다수 사람의 뇌리를 장악하고 있다. 과연 우리의 존재는 무엇이며 현재 우리 사회가 당면한 문제가 무엇인가? 큰 공부의 이념이라고 할 수 있는 삼강령과 구체적 방법론이라고 할 수 있는 팔조목은 덕치를 바탕으로 둔 이상적 공동체에 이르는 길을 제시한다.《대학》을 인간 마음과 본성을 회복하고 내면을 닦는 계기로 삼는다면 우리의 삶도 지금보다 훨씬 더 풍요롭지 않겠는가? 단순하지만 내면에 지식을 쌓아가는 과정이 결국은 세상의 이치를 밝히는 길임을 다시 한 번 되새겨야 할 것이다.

경1장

# 공자의 말씀을 증자가 풀어서 설명하다

【해설】

"삼강령三綱領"은 '명명덕明明德', '친민親(新)民', '지어지선止於至善'이며, '명명덕'을 바탕으로 '친민'을 이루고, 다시 '친민'을 바탕으로 '지어지선'의 경지에 이르게 한다는 것이 삼강령의 위계이다. 지선의 경지란 국가 통치의 궁극 목적인 평천하이다. 명명덕, 친민, 지어지선은 끝까지 파고들어야 할 목표와 과정, 방법론 등이며, 구체적인 실현 방법으로 "팔조목八條目"을 제시했다. '격물格物·치지致知·성의誠意·정심正心·수신修身'은 '명명덕'의 일이고, '제가齊家·치국治國'은 '친민'의 일이며, '평천하平天下'는 궁극적인 목표인 '지어지선'이다. 주희는 팔조목을 "대학大學의 가지 같은 조목[大學之條目也]"이라고 했다. 삼강령이 나무의 기둥이라면 팔조목은 뻗어 나가는 가지인 셈이다. '격물·치지·성의·정심·수신·제가·치국·평천하'는 목표를 이루기 위해 능동적으로 이행하는 순서이다. '천하평天下平'의 능동형이 '명명덕어천하明明德於天下'로 명시되어 있으며, '치지致知'의 완성형이 '지지知至'임이 흥미롭다.

## 대학의 도가 제시하는 세 가지 강령 **경1.1**

대학大學[1]의 도는 밝은 덕을 밝히는 데 있으며[2], 백성을 새롭게[3] 하는 데 있으며, 지극한 선에 머무르게[4] 하는 데에 있다.

大學之道, 在明明德, 在親民, 在止於至善.

---

1) "대학大學"은 "대인지학大人之學"으로, 큰 사람[大人]의 학문을 말한다. '대인大人'은 '소인小人'과 대비되는 개념으로, '대인군자大人君子'라고도 쓴다. 도덕적 인격 수준이 성현의 지위에 오른 자로, 천하를 다스리고 교화할 수 있는 자격을 갖춘 사람을 뜻한다. 주희는 대인을 "성인"이라 했고, 왕수인은 대인을 "천지 만물을 자기의 몸과 하나로 보는 인仁[天地萬物一體之仁]"이라고 했다. 그리하여 주희는 "대학"을 성인이나 군자처럼 훌륭한 덕이 있는 사람의 학문과 천자나 경대부처럼 높은 지위에 있는 사람의 학문이라 했고, 공영달孔穎達은 널리 배워서 정치를 할 수 있도록 기록한 것이라 했다.

2) 원문의 "명명덕明明德"을 번역한 것으로, "명덕明德"은 배우거나 익혀서 얻는 후천적인 것이 아니라 사람이 태어날 때부터 지닌 덕을 말한다. 사람의 본성은 비록 청탁淸濁의 차이는 있으나 맑고 순수한 모습이라고 하여 이것을 명덕으로 보았고, 그것을 밝히는 데에 대학大學의 도道가 있다고 했다.(주희 설) 정현鄭玄은 "지극한 덕[至德]"이라 했고, 공영달은 "자기의 환하고 밝은 덕[己之光明之德]"이라고 했으며, 왕수인은 신령스럽고 명석한 덕이라고 했다.

3) 원문의 "친親"을 번역한 것으로, 주희는 "그 옛날에 물들었던 더러운 것을 제거함이 있게 하는 것이다.[亦有以去其舊染之汚也.]"라고 하여 사람은 누구든 오랫동안 가지고 있던 것을 새롭게 바꾸기가 대단히 어려움을 말한다. 원문에는 원래 '친親' 자로 되어 있는데, "친親" 자에 관하여 정이천程伊川은 '신新'으로 교정해야 한다고 했으며, 왕양명王陽明과 정약용丁若鏞은 오자가 아니라 '친애하다'는 뜻이라고 풀이했다. 말하자면 정이천과 주희는 '신新'으로 풀이하여 백성을 사랑하는 것에서 한 걸음 더 나아가 새롭게 만들어야 한다고 본 것이다. 대개 주자학파는 '신민'으로, 양명학파와 고본을 중시하는 학자들은 '친민'으로 풀이한다. 필자는 정이천과 주희 설에 의거하여 '신新' 자로 번역했다.

## 그침, 정함, 고요함, 편안함, 얻음의 순서 **경1.2**

그침을 안 이후에 정함이 있으며, 정한 이후에 고요할 수 있으며, 고요한 이후에 편안할 수 있으며, 편안한 이후에 생각할 수 있으며, 생각한 이후에 얻을 수 있다.[5]

知止而後有定, 定而後能靜, 靜而後能安, 安而後能慮, 慮而後能得.

## 근본과 끝, 마지막과 시작 **경1.3**

사물에는 근본과 끝이 있고, 일에는 마지막과 시작[6]이 있으니,[7]



4) 원문의 "지어지선止於至善"을 번역한 것으로, 주희는 "모두 지선의 경지에 머물러 옮겨가지 않는다.[皆當止於至善之地而不遷.]"라는 뜻으로 보았으며, 공영달은 '처한다[處]'는 뜻이라고 했다. 지극한 선은 사물의 이치가 당연히 이르는 궁극이다. 밝은 덕을 밝히고 백성을 새롭게 하는 것은 모두 지극한 선의 경지에 머물러서 옮기지 않는 것이다. "반드시 하늘의 이치를 깨닫게 함으로써 터럭 하나만큼의 욕심이나 사사로움도 없게 한다.[蓋必其有以盡夫天理之極, 而無一毫人欲之私也. 此三者, 大學之綱領也.]"(주희 설)라는 것이다.

5) 이 단락은 '지止', '정定', '정靜', '안安', '려慮', '득得'의 순서대로 '육사六事'를 이야기하고 있다. 주희의 풀이대로 "지止"는 "마땅히 그쳐야 하는 곳이니, 곧 지극한 선이 있는 곳이다. 그것을 알면 뜻에 정해진 방향이 있게 된다.[所當止之地, 即至善之所在也. 知之, 則志有定向.]"라는 의미이고, "정靜"은 "망령스럽게 행동하지 않는 마음[心不妄動]"을 일컫고, "안安"은 "처하면서 편안히 하는 바[所處而安]"를 일컫는다. "려慮"는 "일을 처리하는 것이 정밀하고 상세한 것[處事精詳]"을 일컫고, "득得"은 "그치는 바를 얻는 것[得其所止]"을 일컫는다. 주희는 '정定'은 이치적인 면, '정靜'은 심적인 면, '안安'은 신체적인 면에서 말했다.

6) 원문의 "종시終始"를 번역한 것으로, 정약용은 "종終"을 제가치국평천하齊家治國平天下에서 '제齊', '치治', '평平'이라 보았고, "시始"를 성의정심수신誠意正心修身에서 '성誠', '정正', '수修'로 보았다.

앞서고 뒤서는 바를 알면 도에 가깝게 된다.

物有本末, 事[8]有終始, 知所先後, 則近道矣.

## 여덟 가지 조목 **경1.4**

예부터 천하에 밝은 덕을 밝히고자 하는 자는 먼저 그 나라를 다스리고, 그 나라를 다스리고자 하는 자는 먼저 그 집안[9]을 가지런하게 하고[10], 그 집안을 가지런하게 하고자 하는 자는 먼저 그 몸을 닦고, 그 몸을 닦고자 하는 자는 먼저 그 마음을 바르게 하고, 그 마음을 바르게 하고자 하는 자는 먼저 그 뜻[11]을 정성스럽게 하고, 그 뜻을 정성스럽게 하고자 하는 자는 먼저 그 앎에 이르러야 하니, 앎에 이르는 것[12]은 사물을 끝까지 파고들게 하는[13] 데 있다.



---

7) 이 문장의 의미에 대한 주희의 해설은 명쾌하다. "밝은 덕이 '근본[本]'이 되고, 백성을 새롭게 하는 것이 '말末'이 되고, 그침을 아는 것이 '시始'가 되고, 터득할 수 있는 것이 '종終'이 된다. '본本'과 '시始'는 먼저 하는 바요, '말末'과 '종終'은 나중에 하는 바이니, 이것은 위 문장 두 절의 뜻을 맺은 것이다.[明德爲本, 新民爲末, 知止爲始, 能得爲終. 本始所先, 末終所後, 此結上文兩節之意.]"

8) 정약용은 '물物'은 대상으로 뜻[意]·마음[心]·자신[身]·가정[家]·국가[國]·천하天下를 말하고, '사事'는 행위로 정성[誠]·바름[正]·수양[修]·가지런함[齊]·다스림[治]·태평[平]을 말한다고 했다.

9) 원문의 "가家"를 번역한 것으로, 원래는 제후가 신하에게 나누어준 토지를 뜻하지만, 여기서는 편의상 '집안'이라고 번역했다.

10) 원문의 "제齊"를 번역한 것으로, 균평均平, 즉 '고르고 평평하게 하다'라는 의미다.

11) 원문의 "의意"이다. '의'는 "마음이 피어나는 바[心之所發]"이니, "그 마음이 피어나는 바를 성실히 하여, 반드시 스스로 만족하여 스스로 기만하는 일이 없도록 하고자 하는 것[實其心之所發, 欲其必自慊而無自欺也]"이다.(주희 설)

古之欲明明德於天下者, 先治其國, 欲治其國者, 先齊其家, 欲齊其家者, 先修其身, 欲修其身者, 先正其心, 欲正其心者, 先誠其意, 欲誠其意者, 先致其知, 致知在格物.

## 사물의 이치를 구명한 뒤의 순서들 **경1.5**

사물의 이치를 구명한 뒤에 앎이 이르고,[14] 앎이 이르고 난 뒤에 뜻이 정성스러워지고, 뜻이 정성스러워진 뒤에 마음이 바르게 되고, 마음이 바르게 되고 난 뒤에 몸이 닦아지고, 몸이 닦아지고 난 뒤에 집안이 다스려지고, 집안이 다스려지고 난 뒤에 나라가 다스려지고, 나라가 다스려지고 난 뒤에 천하가 평정된다.

物格而後知至, 知至而後意誠, 意誠而後心正, 心正而後身修, 身修而後家齊, 家齊而後國治, 國治而後天下平.



---

12) 원문의 "치지致知"를 번역한 것으로, "치致"는 노력하여 최상의 상태에 이르는 것이다. 공영달은 "능히 배우고 익혀서 아는 것을 불러내어 이르게 하는 것[能學習招致所知]이라 했고, 주희는 "나의 지식을 궁극까지 밀고 가서, 아는 바가 다하지 않음이 없게 하고자 한다.[推極吾之知識, 欲其所知無不盡也.]"라고 했으며, 왕수인은 "내 마음의 양지良知(날 때부터 가지고 있는 시비지심)를 실현하는 것[致吾心之良知]"이라고 했다.

13) 원문의 "격물格物"을 번역한 것으로, 주희는 "격格"을 '이르다[至]'로, 공영달은 '오다[來]'로 보았다. '물物'은 '사事'와 같으므로 "사물의 이치에 끝까지 이르러, 궁극의 곳에 이르지 않음이 없게 하고자 한다.[窮至事物之理, 欲其極處無不到也.]"(주희 설)는 뜻이다. 왕수인은 바르지 못한[不正] 일이 바른[正] 것으로 돌아가는 것이라고 하여 사물들에 양지良知를 실현시킴으로써 사물을 바르게 하는 것, 사물의 위치를 회복하여 실천하는 것으로 보았다.

14) 원문의 "지지知至"를 번역한 것으로, "내 마음이 아는 바가 다하지 않음이 없다.[吾心之所知無不盡也.]"라는 것을 말한다.(주희 설)

## 수신이 근본이다 경1.6

천자부터 서인[백성]에 이르기까지 하나같이 몸을 닦는 것으로써 근본으로 삼았다.[15)]

自天子以至於庶人, 壹是皆以修身爲本.

## 근본이 어지러우면 경1.7

그 근본[자기 자신]이 어지러우면서도 끝이 다스려지는 것은 없으며, 그 두터운 바[16)]가 엷어지고, 그 엷은 바가 두터워지는 일은 있지 아니하다.

其本亂而末治者, 否矣, 其所厚者薄, 而其所薄者厚, 未之有也.



15) 천자天子부터 서인庶人에 이르기까지 모든 사람이 수신修身을 우선시해야 한다. 수신이 안 되면 집안과 나라를 다스릴 수 없다. 이세동은 팔조목의 첫 단계를 "격물"이 아닌 "수신"으로 보아 명명덕의 마지막 단계인 수신으로써 명명덕 전체를 포괄했다고 했다.

16) 원문의 "소후所厚"를 번역한 것으로, '소후'란 '집[家]'을 일컫는다. 정약용은 근본을 수신으로 삼으니 '소후'할 것을 자신으로, 박하게 할 것을 백성으로 보았다.[以修身爲本也. 所厚, 謂身也. 所薄, 謂民也.]

전1장

# 명명덕明明德

## —밝은 덕을 밝히다

【해설】

주희는《대학장구大學章句》의 전傳에서 '명명덕明明德', '친민親(新)民', '지어지선止於至善', '본말本末', '격물치지格物致知', '성의誠意', '정심수신正心修身', '수신제가修身齊家', '치국평천하治國平天下' 등의 장을 나누었는데, 증자의 문인들이 치지致知에 대해 기록한 문장이라고 보았기 때문이다. 전傳에서는 경經에서 제시한 삼강령三綱領과 팔조목八條目에 대해《시경詩經》,《서경書經》등 고전의 관련 문장을 인용하여 해설하고 있다.《예기禮記》의 원본에는 여덟 가지 조목 가운데 격물치지와 관련한 내용이 없는데, 원래 있었으나 소실되었다고 생각한 주희가 스스로 128자를 저술하여 보완했다.

전의 1장은 "명명덕明明德"을 풀이한 것이다. 즉, 이 장의 글은 모두 자신의 덕을 밝히는 뜻을 말한 것이다. 전은 "명덕明德"과 관련하여《서경》의 '강고康誥'에서 왔을 것이라는 설, '태갑太甲'에서 왔을 것이라는 설, '제전帝典'에서 왔을 것이라는 설을 제시한다. 주희는 "책에서 인용한 바는 모두 스스로 자신의 덕을 밝혔다는 뜻을 말한 것"이라고 했다. 유가는 철저히 이성을 깨워 '내 안에 답이 있다'는 명제를 깨달으라는 학문이다.

## 덕을 밝히다 **전1.1**

'강고'[1] 편에서 말하기를 "능히[2] 덕을 밝힌다."라고 했다.

康誥曰: "克明德."

## 명을 돌아보다 **전1.2**

'태갑'[3] 편에서 말하기를 "이 하늘의 밝은 명을 돌아본다."[4]라고 했다.

太甲曰: "顧諟[5]天之明命."



1) '강고康誥'는 《서경書經》〈주서周書〉의 편명이다. 《서경》은 〈우서虞書〉·〈하서夏書〉·〈상서商書〉·〈주서周書〉로 나뉘며, 우虞·하夏·상商·주周의 역사서이다. 주나라 성왕成王이 아우 강숙康叔을 위나라의 제후로 봉하면서 내린 교훈적인 글이다.

2) 원문의 "극克"을 번역한 것으로, '능能' 자와 같은 의미다.

3) '태갑太甲'은 《서경》〈상서〉의 한 편명이다. 이윤伊尹이 태갑에게 가르침을 주는 글이다. 《사기》〈은본기〉에도 나온다. 탕임금이 세상을 떠나고 태갑제가 즉위했는데, 탕의 법령을 따르지 않고 현명하지도 않아 이윤이 그를 동궁으로 내쫓았다. 태갑제가 3년 동안 잘못을 뉘우치고 선해져서 돌아오자, 이윤이 그를 맞이했다는 기록이다. "[이윤은] 태갑제를 기려 태갑훈 세 편을 짓고, 태종이라 불렀다.[迺作太甲訓三篇, 褒帝太甲, 稱太宗.]"

4) 원문의 "고顧"를 번역한 것인데, "항상 눈이 그곳에 있다는 것을 일컫는 것[顧, 謂常目在之也]"이다. 주희는 "하늘의 밝은 명은 곧 하늘이 나에게 준 까닭으로 내가 덕으로 삼은 바이니, 항상 눈이 그곳에 있으면 때마다 밝지 않음이 없는 것이다.[天之明命, 卽天之所以與我, 而我之所以爲德者也, 常目在之, 則無時不明矣.]"라 했고, 정현은 '생각하다[念]'라는 뜻으로 보았으며, 공안국은 《서경》에서 "언제나 눈이 여기에 있다."라고 했고, 정약용은 "돌아보다[廻視]"라는 의미로 보았다.

## 큰 덕을 밝히다 **전1.3**

'제전'[6] 편에서 말하기를 "능히 큰 덕을 밝힌다."라고 했다.

帝典曰: "克明峻德."

## 스스로 밝히다 **전1.4**

[이런 것들은] 모두 [자신의 덕을] 스스로 밝히는 것이다.[7]

皆自明也.



---

5) "시諟"는 '이 차此'와 같다. '살필 심審'이라는 주석도 있으나, 이에 따르면 "하늘의 밝은 명을 돌아보고 살펴본다."라고 번역되는데, 역자는 취하지 않는다.

6) '제전帝典'은 《서경》〈우서〉의 '요전堯典' 편이다. 이 글은 요임금의 덕치에 관한 글의 일부로, 개인의 덕을 닦음으로써 온 세상을 화평하게 다스린다는 내용이다.

7) 이 구절은 대학지도大學之道의 첫 단계로 내세운 '명명덕明明德'의 전거典據를 제시하는 대목이다. '명덕明德'을 설명하는 데 인용한 전거가 모두 수신의 덕목일 뿐만 아니라 천하를 덕으로 다스린 사례임에 주목해야 한다. 주희는《대학》이 15세 이상 왕이나 공경대부의 자제들, 사대부의 적자 등이 공부하는 내용이고, '명덕'의 궁극은 '평천하'에 있음을 밝히는 대목이라 했다.

전2장

# 친민親(新)民

## —백성을 새롭게 하다

【해설】

전의 2장은 "친민親(新)民"을 풀이한 것이다. 주희는 전2장의 내용이 모두 새롭게 한다는 '신新'이라는 점을 근거로 '친親'을 '신新'으로 바꿔야 한다고 주장했다. 제1절은 탕왕湯王을 인용하여 자신을 새롭게 하고, 이것을 근본으로 삼아 백성을 진작하고 새롭게 하여 변화를 이루면 나라에까지 미칠 수 있음을 말하고 있다. 이 내용을 경1장의 '명명덕'과 연관하여 설명한다. 자신은 신민의 근본이 되는 것이므로 먼저 이 점을 말한 것이다. 즉, '선善'은 선정으로 모든 백성이 선한 마음을 갖도록 정치를 하는 것을 말하며, 여기로 나아가게 하는 것이 '선왕지도先王之道'이다.

여기서 '新'의 의미를 세 가지로 볼 수 있다. 탕임금의 반명盤銘에서 새로워지는 것은 통치자 자신이다. '강고康誥'의 인용문은 자신과 백성이 새로워지는 것을 말하며, 새로운 기술이나 방법, 요령 및 새로운 문명에 필요한 모든 것을 포함한다. 세 번째는 유신維新으로 통치자와 백성이 함께 인간 생존환경의 발전을 추구하는 '신新'이다.

'신민新民'으로 보든 '친민親民'으로 보든 스스로 덕을 밝히는 '명덕明德'을 전제로 한다.

## 날마다 새롭고 또 새로워라 **전2.1**

탕[1]의 대야[2]의 새긴[3] 글에 말하기를 "진실로 날로 새로워지려거든, 나날이 새롭고, 또 날마다 새로워져야 한다."라고 했다.

湯之盤銘曰: "苟日新, 日日新, 又日新.[4]"

## 백성을 진작하라 **전2.2**

'강고' 편에서 말하기를 "새로워지는 백성을 진작[5]한다."라고 했다.

康誥曰: "作新民."



---

1) 탕왕은 이윤의 도움을 받아 폭군 걸왕을 치고, 박亳에 도읍하여 국호를 상商이라 정하고, 제도를 정비하여 13년간 재위했다. 그가 걸왕을 친 일은 유교에서 주周 무왕武王이 주왕紂王을 토벌한 것과 함께 올바른 '혁명'으로 불린다. 《사기》〈은본기〉에 "탕의 덕망이 지극하여 새와 짐승에게까지 미쳤도다.[湯德至矣, 及禽獸.]"라는 구절이 나온다.

2) 원문의 "반盤"을 번역한 것이다. 머리를 감고 몸을 씻는 대야[沐浴之盤]로, 한 사람이 들어갈 정도의 크기다.

3) 원문의 "명銘"을 번역한 것이다. 그 대야에 새긴 것이란 의미로, "스스로를 깨우치기[自警]" 위한 행위를 표현한 것이다.

4) 사람이 마음을 씻고 씻음으로써 악을 제거하는 것을 마치 그 몸을 씻는 것과 같이 보았다. 그러므로 대야에 글을 새긴 것은 때를 씻음으로써 나날이 새로워지고, 또 날로 새로워짐에 끊어짐이 있어서는 안 된다는 뜻이다.

## 오직 새로워라 **전2.3**

《시경》에 말하기를 "주나라가 비록 옛 나라[6]이지만, 그 천명은 오직 새로워질 것이다.[7]"라고 했다.

詩曰: "周雖舊邦, 其命維新."[8]



---

5) 원문의 "작作"을 번역한 것이다. "그들에게 북을 쳐주고, 그들을 춤추게 하는 것을 일컬어서 '작作'이라고 하니, 스스로 새로워지는 백성을 떨쳐 일어나게 하는 것을 말한다.[鼓之舞之之謂作, 言振起其自新之民也.]"라는 주희의 풀이가 제격이다. 공영달은 "되다"로 보아 이 글은 "성왕이 관숙管叔과 채숙蔡叔을 벌하고 강숙을 제후에 봉하여 은나라 유민을 다스리게 할 때, 그 유민이 주紂의 나쁜 풍속에 물들어 있으니 그들을 고쳐서 새로운 백성이 되게 하라고 강숙에게 당부한 글"(동양고전연구회 역주, 《대학》, 민음사, 2016, 51쪽)이라고 했다. 정약용은 《대학공의大學公議》에서 "작신作新"은 동사로 "흥興"과 의미가 통한다고 보아 "作新民"은 "백성을 일으킨다[興民]"는 뜻이라고 했다.

6) 원문의 "방邦"을 번역한 것으로, '국國' 자와 같은 의미다.

7) 원문의 "유신維新"을 번역한 것이다. 유신이란 '구舊'를 개혁하는 것이니, '오직 새롭게 한다'는 의미다.

8) 인용된 《시경詩經》은 〈대아大雅〉의 '문왕文王' 편이다. "주 나라가 비록 오래되었으나, 문왕에 이르러 능히 그 덕을 새롭게 함으로써 백성에게 미쳐서 처음으로 하늘의 명을 받은 것을 말한다.[言周國雖舊, 至於文王, 能新其德以及於民而始受天命也.]"라는 주희의 주석을 참고할 만하다.

## 종극을 쓰는 이유 **전2.4**

이런 까닭으로 군자는 [백성을 아낌에] 그 종극[9]을 쓰지 않은 바가 없다.

是故君子無所不用其極.



9) 원문의 "극極"은 '종극終極'이란 의미로, '지어지선止於至善'을 뜻한다. 이 단어는 "스스로 새로워지고, 백성을 새롭게 하여 모두가 지극한 선에 머무르게 하고자 함이다.[自新新民, 皆欲止於至善也.]"(주희 설)라는 의미를 내포한다.

전3장

# 지어지선止於至善

## —지극한 선에 머물다

【해설】

전의 3장은 '지어지선止於至善'을 해석한 것이다. 여기서도 모두《시경》을 인용하여 풀이하고 있는데, 앞 장의 '명명덕'과 '친민'의 개념을 확장하여 설명했다. 참다운 군자가 윗자리에 머물러야 백성이 감화되어 지극한 선에 머물게 된다는 것이다. 문왕과 무왕은 이미 돌아가셨으나 뭇 사람이 그를 흠모하여 오래도록 잊을 수 없으니, 이들이 군자의 본보기다. 전체 다섯 절 가운데 앞의 세 절은 '지어지선'을 해석하고, 나머지 두 절은 '명명덕'의 '지어지선'과 '친민'의 '지어지선'을 말하고 있다.

## 백성이 사는 곳 **전3.1**

《시경》에 이르기를 "나라의 경기[1]와 천 리 안은 오직 백성이 사는 곳[2]이다."[3]라고 했다.

詩云: "邦畿千裏, 惟民所止."[4]

## 사람이면서 새만 못하면 **전3.2**

《시경》에 이르기를 "우는 새소리 황새여, 언덕 모퉁이[5]에 머물러 있구나."라고 했다. 공자께서 말씀하셨다. "머묾에 그 그치는 바를 알지니, 가히 사람이면서 새만 같지 못하겠는가?"




---

1) 원문의 "방기邦畿"를 번역한 것이다. 도읍 근처의 100리로, 왕도가 미치는 곳을 말한다.

2) 원문의 "지止"를 번역한 것으로, '살다[居]'라는 뜻이다. "사물이 각기 마땅히 멈추는 바의 곳이 있음[物各有所當止之處也]"(주희 설)이니, 여기서는 백성이 머무는 곳을 말한다.

3) 왕도정치를 말할 때 나라의 중심은 '중원中原'이라 하고, 그 주변에 천자의 영향이 미치지 않는 범위를 '사이四夷'라고 한다. 중원에서 멀어지고 사이에 가까워질수록 왕도가 미치지 못한다. 이를 방지하기 위해 백성을 중원으로 모으는 것이다.

4) 인용된 《시경》은 〈상송商頌〉의 '현조玄鳥' 편이다. 인용문 다음 구절은 "저 사해의 국경을 열어놓도다.[肇域彼四海.]"이다. 국경 안에 백성이 머무는 곳은 사방 천 리이지만, 덕치의 지극함이 넓다는 것을 뜻한다. 왕 노릇을 하는 자가 백성을 지극한 선에 머물도록 함을 노래한 시다.

5) 원문의 "우隅"를 번역한 것이다. 황새조차도 언덕 모퉁이에 멈추면서 자신이 있어야 할 곳을 알고 있는데, 사람이면서 새만 못한 부분도 있다고 비판적으로 풀이한 것이다.

詩云: "緡蠻[6]黃鳥, 止於丘隅."[7] 子曰: "於止, 知其所止,[8] 可以人而不如鳥乎?"

## 깊고 깊은 문왕 **전3.3**

《시경》에 "깊고 깊은 문왕이여, 아! 계속 밝아 삼가 멈출 것[9]을 삼가는구나."라고 했으니, 다른 사람의 군주가 되어서는 인仁에 머물고, 다른 사람의 신하가 되어서는 공경에 머물고, 다른 사람의 자식이 되어서는 효도에 머물고, 다른 사람의 아버지가 되어서는 자애로움에 머물고, 나라 사람들과 사귐에서는 믿음에 머문다.[10]

詩云[11]: "穆穆文王, 於緝熙敬止."[12] 爲人君, 止於仁, 爲人臣, 止於敬,



6) 원문의 "면만緡蠻"은 새 울음소리의 의성어인데, 《시경》에는 "면만綿蠻"으로 되어 있다.

7) 인용된 《시경》은 〈소아小雅〉의 '면만綿蠻' 편이다.

8) 주희는 "자왈子曰 이하는 공자가 시를 말한 문사이니, 사람이 응당 마땅히 멈추는 바의 곳을 알아야 함을 말씀하신 것[子曰以下, 孔子說詩之辭, 言人當知所當止之處也.]"이라고 덧붙여 설명하고는, '자왈子曰' 이하의 '어지於止'는 시간을 의미하고, '소지所止'는 장소를 의미하여, 공자는 '지止'를 시간과 장소에 모두 견주어서 풀이했다고 밝혔다.

9) 원문의 "즙희경지緝熙敬止"를 번역한 것이다. 주희는 "즙緝"을 '계속하다'는 의미로, "희熙"는 '빛나다'는 의미로 보았으며, "경지敬止"는 "공경하지 않음이 없어서 그치는 바에 편안하게 하는 것[其無不敬而安所止也]"이라고 풀이했다.

10) 원문의 순서대로 풀이해보면, 인仁이 첫 번째, 경敬이 두 번째, 효孝가 세 번째, 자慈가 네 번째, 신信이 다섯 번째인데, 이는 지어지선 가운데 큰 조목들이다. 주희는 "배우는 자는 이에 대해 정미의 깊음을 연구하고 또 유추하여 나머지를 다한다면 천하의 일에 대해 모두 그칠 데를 알 것[學者於此, 究其精微之蘊, 而又推類以盡其餘, 則於天下之事, 皆有以知其所止]"이라고 풀이하며, 다시 '지어지선'의 의미를 확장하고 있다.

爲人子, 止於孝, 爲人父, 止於慈, 與國人交, 止於信.

## 멋진 군자의 모습 **전3.4**

《시경》에 이르기를 "저 물가의 모퉁이를 보라, 저토록 아름답고 푸른 대나무가 우거져 있구나![13] 멋있는 군자의 모습이어라. 잘라놓은 듯 다듬어놓은 듯 쪼아놓은 듯 갈아놓은 듯하도다.[14] 치밀하고 굳세며, 빛나고 성대하니, 멋있는 군자를 끝내 잊을 수 없어라!" 라고 했다.

[여기서] '잘라놓은 듯 다듬어놓은 듯하다'는 것은 배움을 말하고, '쪼아놓은 듯 갈아놓은 듯하다'는 것은 스스로 닦는 것을 말한다. '치밀하고 굳세다'는 것은 매사 두려움을 느끼며 삼가는 것을 뜻하며, '빛나고 성대하다'는 것은 위엄을 갖춘 태도를 말한다. '멋있는 군자를 끝내 잊을 수 없다'는 것은 군자의 성대한 덕과 지극한 선

11) "운云"은 '~라고 이르더라'라는 뜻으로, 본인이 말하면서도 정확하지 않은 것이다. "운운云云"은 '~라고 하더라'라는 의미로서, 정확성이 더욱 떨어진다. '왈曰'은 정확하게 인용한 것이다. 그래서 《시경》을 인용한 것들은 '왈'이 더 정확한 표현이다.

12) 인용된 《시경》은 〈대아〉의 '문왕' 편이다.

13) 원문의 "의의猗猗"를 번역한 것으로, '아름답고 성한 모습'이다.

14) 원문의 "절切"은 칼과 톱으로 자르고, "탁琢"은 망치와 끌로 다듬으니, 모두 물건을 재단하여 형질을 이루게 하는 것이다. "차磋"는 줄과 대패로 갈고, "마磨"는 모래와 돌로 가니, 모두 물건을 매끄럽고 윤택하게 하는 것이다. 이 말은 공자가 자공子貢과 시를 논하는 《논어》 〈학이〉 편에도 나온다. "《시경》에 이르기를 '끊듯이, 갈듯이, 쪼듯이, 윤을 내듯이'라고 한 것은, 아마도 이것을 가리키는 것입니까? 공자께서 말씀하시길 '사야, 비로소 너와 더불어 《시경》을 이야기할 수 있겠다.'라고 하셨다.[詩云: 如切如磋, 如琢如磨. 其斯之謂與? 子曰: 賜也, 始可與言詩已矣.]"

을 백성이 잊을 수 없음을 말한다.[15)]

詩云: "瞻彼淇澳, 菉竹猗猗, 有斐君子, 如切如磋, 如琢如磨, 瑟兮僴兮, 赫兮喧兮, 有斐君子, 終不可諠兮!"[16)] 如切如磋者, 道學也, 如琢如磨者, 自修也, 瑟兮僴兮者, 恂慄也, 赫兮喧兮者, 威儀也, 有斐君子, 終不可諠兮者, 道盛德至善, 民之不能忘也.

## 군자와 소인의 자질 차이 **전3.5**

《시경》에 이르기를 "아아, 전왕을 잊지 못하는구나!"라고 했으니, 군자는 그 어진 사람을 어질게 여기고, 그 친한 사람을 친히 여기고, 소인은 그 즐거움을 즐겁게 여기고, 그 이로움을 이롭게 여기니, 이럼으로써 세상에서 없어지더라도 잊지 못하는 것이다.[17)]

詩云: "於戲, 前王不忘!"[18)] 君子賢其賢, 而親其親, 小人樂其樂, 而利其利, 此以沒世不忘也.

15) 원문의 "학學"은 강습하고 토론하는 일을 말하고, "자수自修"는 성찰하고 [사욕을] 이겨 다스리는 공부이다.《시경》을 인용해 해석했는데, '명명덕' 하는 자의 '지어지선'을 밝히고, 도학과 자수는 이것을 얻게 된 이유를 말한 것이다.

16) 인용된《시경》은 〈위풍衛風〉의 '기오淇澳' 편이다. 위나라의 최전성기를 이끈 위 무공이 수신을 게을리하지 않아 위나라 사람들이 칭송하는 시다.

17) 문왕과 무왕은 지선하여 이미 돌아가셨어도 사람이 흠모하여 오래도록 잊지 못하니, 그들을 본받고 잊지 않겠다는 뜻이다.

18) 인용된《시경》은 〈주송周頌〉의 '열문烈文' 편이다.《시경》 원문에는 "오호於乎, 전왕불망前王不忘"으로 되어 있다. 인용한 시의 앞 구절은 "더 강함이 없는 사람을 사방에서 교훈으로 삼으며, 더 드러날 수 없는 덕을 여러 제후가 본받나니.[無競維人, 四方其訓之, 不顯維德, 百辟其刑之.]"이다.

전4장

# 본말本末

## —근본과 말단

【해설】

전의 4장은 "본말本末"을 해석한 것으로 '청송장聽訟章' 또는 '본말장本末章'이라고 하는데, 본문이 좀 까다롭다. 이 장은 경1장 제3절과 제7절의 본말을 더 자세히 설명했다. 공자의 말씀을 인용하여 송사가 없도록 하는 것이 나라를 잘 다스리는 방법임을 말하고 있다. 다툼에서는 내가 옳음을 전제하는 경우가 많으니, 내 안에서 스스로 다툼의 근원을 살펴 소송에까지 이르지 않도록 노력하는 것이 '명덕明德'의 일이요, '친민親(新)民'의 단초가 된다.

## 송사가 없게 하라 **전4.1**

공자께서 말씀하시길 "송사를 들어서 판결함에[1] 나는 다른 사람과 같으나, 반드시 [백성으로 하여금] 송사가 없게 할진저."[2]라고 했으니, 실정이 없는 자가 그 말을 다하지 못하는 것은 백성의 뜻을 크게 두려워하는 것이며, 이것을 일컬어 근본을 안다고 하는 것이다.[3]

子曰: "聽訟, 吾猶人也, 必也使無訟[4]乎!" 無情者不得盡其辭, 大畏民志, 此謂知本.



---

1) 원문의 "청송聽訟"을 번역한 것으로, '청聽'은 들으려는 의도를 가지고 듣는 것이고, '송訟'은 '송사'이다. 그래서 '청송聽訟'은 송사를 들어서 판단한다는 의미다.

2) 사람은 본래 편파적이라 해도 공정하게 판정하도록 노력하겠다는 말이지만, 공자는 나라를 잘 다스려서 시비 판결의 송사가 처음부터 생기지 않도록 하겠다고 말하고 있다. 이 말은《논어》〈안연顔淵〉편에 나온다.《사기》〈주본기〉에서도 "성왕과 강왕의 시대에는 천하가 안정되어 형벌이 40여 년 동안이나 쓰이지 않았다.[成康之際, 天下安寧, 刑錯四十餘年不用.]"라고 했다. '형조刑錯'의 시대란 덕치의 시대[盛德之世]를 말한다. 덕은 다스림의 근본이요, 법은 말단이라는 말이 이것이다.《주역》송괘訟卦에, "믿음을 두나 막혀서 두려우니, 중도로 함은 길하고 끝까지 함은 흉하다.[有孚窒惕 中吉終凶.]"라는 말이 있다. 다투고 좋은 결말을 보기는 어렵다. 송사는 되도록 다투지 않으려는 자신과의 싸움이 중요하다는 말로도 들린다.

3) 실상이 없는 자가 허황되고 거짓된 말로 끝까지 속이지 못하는 것은 백성의 뜻을 두려워하기 때문이니, 백성의 심지를 두려워하여 스스로 복종하게 되는 것이다. 즉 민심이 가장 중요하다는 뜻이다.

4) 원문의 "청송聽訟"을 말末로, "사무송使無訟"을 본本으로 보는 설도 있다. 원문의 "사使" 자 바로 뒤에 '민民' 자가 생략되어 있다고 보면 무난하다.

## 근본을 안다는 것 **전4.2**

이것은 근본을 안다는 것을 일컫는다.

此謂知本.[5)]



5) 정이천은 이 문장이 '잘못 들어간 글[衍文]'이라고 했는데, 옳은 풀이다.

전5장

# 격물치지格物致知

## —사물을 속속들이 파고들어 앎에 이르다

【해설】

"전의 5장은 대개 격물을 해석한 것이다.[傳之五章, 蓋釋格物.]"라고 되어 있으나 본문이 누락되어 있다. 주희는 이 장이 격물치지장이며, "치지致知"는 "격물格物"을 통해 얻는 지식을 지극히 하여 완성하는 단계라고 했으며, 격물치지는 활연관통豁然貫通을 통해 완성된다고 하여 모든 곳에 도달하지 않음이 없고 밝혀지지 않음이 없다고 판단한다. 주희는 '명덕'하는 일에서 '성의', '정심'의 일보다 더 지극한 데에 이르는 일이 '격물치지'한 일로, '격물치지'한 이후 사물마다 정성스러운 마음이 일어나 수신에 도움이 되는 것으로 본 것이다.

정이천은 이 장의 "차위지본此謂知本. 차위지지지야此謂知之至也."에서 앞의 네 자는 전4장 끝의 "차위지본此謂知本"에서 온 말로 판단하고 이를 군더더기 글인 연문衍文으로 보았다. 주희는 앞의 네 글자를 전4장의 결어로 보고 삭제하고, 뒤 여섯 글자 앞에 격물치지를 해석한 문장을 지어 보충했다. 이 장을 '보망장補亡章'이라고도 부르는 이유가 그것이다.

후대 학자들은 '차위지본此謂知本'의 '지본知本'이 '물격物格'의 오자로 보아 군더더기 글로 처리한 것에 이의를 제기하기도 했다. 전체적인 맥락을 고려해 주희의 보충 글에 보망장이라는 이름을 붙여 신기만 하고 주석은 달지 않았다.

## 아는 것의 지극함 **전5.1**

이것은 아는 것의 지극함을 일컫는다.

此謂知之至也.[1)]

## 보망장

"'이른바 앎에 이르는 것은 사물을 끝까지 파고드는 데 있다'는 것은, 나의 앎에 이르고자 한다면 사물의 이치를 탐구해야 함을 말한다. 대체로 사람 마음의 신령스러움은 알지 못함이 없고, 천하의 사물에는 이치가 있지 않음이 없다. 오직 이치가 궁구하지 않으므로 그 앎이 다하지 않은 것이다. 그러므로《대학》에서 처음 가르침을 베풀어서 반드시 배우는 자들로 하여금 모든 천하의 사물과 부딪쳐 자신이 이미 알고 있는 이치를 통해 더욱 그것을 끝까지 파고듦으로써 지극한 곳에 도달할 것을 추구한다. 오래도록 힘을 쏟다가 하루아침에 확 트여서 관통하게 된다면, 모든 사물의 겉과 속, 정밀한 곳과 거친 부분이 도달하지 않음이 없을 것이며, 내 마음의 온전한 본체와 커다란 작용이 밝혀지지 않음이 없을 것이다. 이것을 일컬어 사물을 끝까지 파고들었다고 하는 것이며, 이것을 앎의 지극함이라고 일컫는 것이다."



---

1) 이 구의 윗글이 빠져 있고 이것을 맺음말로 보았다.《예기》에서는 "其所厚者薄, 而其所薄者厚, 未之有也."(《대학》경1.7편) 뒤에 나오는데, 주희가 옮겨 적었다.

"所謂致知在格物者, 言欲致吾之知, 在卽物而窮其理也. 蓋人心之靈, 莫不有知, 而天下之物莫不有理, 惟於理有未窮, 故其知有不盡也. 是以大學始教, 必使學者卽凡天下之物, 莫不因其已知之理而益窮之, 以求至乎其極. 至於用力之久, 而一旦豁然貫通焉, 則衆物之表裏精粗無不到, 而吾心之全體大用, 無不明矣. 此謂物格, 此謂知之至也."

전6장

# 성의誠意

## —뜻을 정성스럽게 한다

【해설】

“전의 6장은 성의誠意에 대해 해석한다.[傳之六章, 釋誠意.]”라는 주희의 말처럼 ‘성의장’이라고도 한다. ‘성의’란 글자 그대로 뜻을 정성스럽게 한다는 말이다. 이것은 스스로를 수양하는 ‘자수自修’와 연관하여 자기 자신을 속이지 않는 ‘무자기毋自欺’와 군자의 행동으로 홀로 있음을 삼가는 ‘신기독愼其獨’을 중점적으로 말했다. 특히 증자의 말을 인용하여 군자가 갖추어야 할 태도를 ‘엄숙하다[嚴]’로 표현한 것에서 군자의 참모습을 엿볼 수 있는 장이다.

《대학장구》의 팔조목을 해석한 전傳의 구조가 두 조목씩 연관되어 있다. 즉, 전의 7장은 ‘정심’과 ‘수신’을, 8장은 ‘수신’과 ‘제가’를, 9장은 ‘제가’와 ‘치국’을, 10장은 ‘치국’과 ‘평천하’를 해석했다. 그러나 6장은 ‘성의’만 독립적으로 다루고 있어 주목할 만하다. 주희가 최후까지 다듬던 장이다.

## 군자가 홀로 있음을 삼가는 이유 **전6.1**

이른바 그 뜻을 정성스럽게 한다는 것[1]은 스스로 속이지[2] 말라는 것이니, 마치 더러운 냄새를 싫어하는 것처럼 하고, 호색을 좋아하는 것처럼 하니, 이것을 일컬어 스스로 만족한다고[3] 한다. 그러므로 군자는 반드시 그 홀로 있음을 삼가는 것이다.

所謂誠其意者, 毋自欺也, 如惡惡臭, 如好好色, 此之謂自謙, 故君子必愼其獨也.

## 소인은 한가롭게 거하지만 **전6.2**

소인이 한가롭게 거하며 선하지[4] 않은 것을 하면서 이르지 않은 바가 없으나, 군자를 본 이후에 겸연쩍은 모양으로 그 선하지 않음

1) 원문의 "성기의자誠其意者"를 번역한 것으로, "스스로를 닦는 것의 으뜸[自修之首]"이다.(주희 설)

2) 원문의 "자기自欺"를 번역한 것으로, "악을 제거하여 선해야 함을 알면서도 마음이 드러나는 바가 성실하지 못한 것이 있는 것[知爲善以去惡, 而心之所發, 有未實]"(주희 설)이다. 보통 사람은 스스로에게 관대하며 홀로 있을 때 나태해지기 마련이다. "남을 꾸짖는 마음으로 자기를 꾸짖고, 자기를 용서하는 마음으로 남을 용서하라.[以責人之心責己, 以恕己之心恕人.]"는 말이 있다. 군자는 늘 자신에게 엄격하며, 남을 수용하는 마음을 지녀야 한다. 군자가 행하는 스스로를 닦음[自修]이요, 뜻을 정성스럽게 하는[誠意] 것이다.

3) 원문의 "겸謙"을 번역한 것으로, 가차자이다. 뜻에 맞아 흡족한 것으로, 위선의 마음이 아니라 진실한 마음에서 우러나와 마음에 걸림이 없어 '만족[足]하다'는 의미다.

4) 원문의 "선善"을 번역한 것으로, '착하다'라고 번역하면 '선'의 의미가 축소되므로 '선하다'라고 번역한다.

을 가리고[5] 그 선함을 드러내니, 다른 사람들이 자기를 보는 것이 마치 그 폐와 간을 보는 것처럼 하거늘,[6] 무엇이 이롭겠는가? 이것을 일컬어 '속에서 성실히 하면 바깥에서 나타난다'고 하니, 그러므로 군자는 반드시 그 홀로 있음을 삼가는 것이다.[7]

小人閒居爲不善, 無所不至, 見君子而後, 厭然, 揜其不善, 而著其善, 人之視己, 如見其肺肝然, 則何益矣. 此謂誠於中, 形於外, 故君子必愼其獨也.

## 보는 바, 가리키는 바 **전6.3**

증자[8]가 말하기를 "열 개의 눈이 보는 바이며, 열 개의 손이 가리



5) 원문의 "엄揜"을 번역한 것으로, 겉만 살짝 가린 것이다.

6) 원문의 "여견기폐간연如見其肺肝然"을 번역한 것으로, '간담상조肝膽相照'와 '폐간상시肺肝相示'와 같은 의미다.

7) 원문의 "신기독야愼其獨也"를 번역한 것이다. "'독獨'이라는 것은 다른 사람이 알지 못하는 바이나, 나만 홀로 아는 바의 곳이다.[獨者, 人所不知而己所獨知之地也.]"(주희 설) 따라서 "신기독愼其獨"이란 "군자는 스스로를 속이지 않는 것이요, 반드시 제 홀로 있을 때를 삼간다.[君子, 無自欺, 必愼其獨也.]"는 뜻이다. "도道는 잠시도 떠날 수 없는 것이다.[道也者, 不可須臾離也.](《중용》 1.2편)"라 했으니, 도와 명덕에 대해 경외의 마음을 지니기 때문에 "군자는 보이지 않는 곳에서도 경계하고 삼가며, 들리지 않는 곳에서 두려워하고 두려워하는 것이다.[戒愼乎, 其所不睹, 恐懼乎, 其所不聞.]"라고 했다.

8) 증자는 공문의 재전제자再傳弟子들이 증삼曾參을 높인 칭호이다. 증삼의 자는 자여子輿로, 효성이 지극했다. 공문십철孔門十哲에는 증자가 들어가지 않지만, 송유宋儒가 도통을 세울 때 그를 지극히 높이 받들었다. 명대에는 증자를 복성復聖으로 봉하여 유약有若보다도 앞에 두었으며, 그의 위상은 안회를 넘어설 정도였다.

키는 바이니, 아마도 엄숙함일진저."[9]라고 했다.

曾子曰: "十目所視, 十手所指, 其嚴乎."

### 군자가 뜻을 성실하게 하는 이유 **전6.4**

부유함은 집을 윤택하게 하고, 덕은 몸을 윤택하게 한다. 마음이 넓고 몸은 편안하니, 그러므로 군자는 반드시 그 뜻을 성실하게 한다.

富潤屋, 德潤身. 心廣, 體胖, 故君子必誠其意.



9) 증자의 말은 "비록 그윽하고 홀로 된 가운데에 있을지라도 선악을 가히 가릴 수 없음이 이와 같으니, 가히 두려워함이 심하다고 말한 것이다.[言雖幽獨之中, 而其善惡之不可揜如此, 可畏之甚也.]"라는 주희의 풀이를 염두에 두고 읽어야 한다.

전7장

# 정심수신正心修身

—마음을 올바로 하고 몸을 닦다

【해설】

이 장은 분치忿懥, 공구恐懼, 호요好樂, 우환憂患의 감정을 지닐지라도 마음을 바로잡는 것이 진정한 '수修'의 정신임을 말하고 있다. 이 장에서 주목해야 할 글자는 '수修', '심心', '정正'이다. 제1절의 '즉부득기정則不得其正'은 정심正心을 뜻한다. 정심이란 곧 중용의 정신이요, 중용 제1장 제4절에서는 "기쁨·노여움·슬픔·즐거움이 아직 드러나지 않는 것[喜怒哀樂之未發]"이 '중中'이라고 설명한 바와 같이 화내고 성내며, 두려워하며, 좋아하며, 근심하는 감정이 없어야만 '마음을 바르게 함[正心]'이 가능하다. 분치, 공구, 호요, 우환의 감정이 다 비어야 중용이라고 할 수 있다.

## 근심하는 바가 있으면 바름을 얻지 못한다 **전7.1**

이른바 '몸을 닦는다는 것은 그 마음을 바르게 하는 데에 있다'고 하는데, 마음[1]에 화내고 성내는 바가 있으면 그 바름을 얻지 못하며, 두려워하고 두려워하는 바가 있으면 그 바름을 얻지 못하며, 좋아하고 좋아하는 바가 있으면 그 바름을 얻지 못하며, 근심하고 걱정하는 바가 있으면 그 바름을 얻지 못한다.

所謂修身在正其心者, 身有所忿懥, 則不得其正, 有所恐懼, 則不得其正, 有所好樂, 則不得其正, 有所憂患, 則不得其正.

## 마음이 문제다 **전7.2**



마음이 있지 아니하면[2] 보려 해도 보이지 않고, 들으려 해도 들리지 않으며, 먹어도 그 맛을 알지 못한다.[3]

心不在焉, 視而不見, 聽而不聞, 食而不知其味.

---

1) 원문의 "신身"을 번역한 것으로, "'신유身有'의 신은 마땅히 '심心'이라고 해야 한다.[身有之身當作心.]"는 정이천의 설에 따라 '마음'으로 번역했다.

2) 원문의 "심부재언心不在焉"을 번역한 것으로, '언焉'은 장소를 나타내는 어조사이다. 직역하면 '마음이 여기(몸)에 있지 아니하면'이다. '언焉'은 번역하지 않는 경우가 많으나, '언焉'의 쓰임을 참고하면 의미전달이 확실해진다.

3) 원문의 "심心"은 내적인 것이고, "목目", "이耳", "구口"는 외적인 것이므로 마음인 '내內'가 중요하다.

## 수신은 정심이다 **전7.3**

이것은 '몸을 닦는다는 것은 그 마음을 바르게 하는 데에 있다'는 것을 일컫는다.[4)]

此謂修身在正其心.



4) 원문의 "정심正心"을 번역한 것이다. 최석기는 《대학》의 번역문에서 '마음을 바루다'라고 해석하기도 했는데, '바루다'는 '비뚤어진 것을 바르게 한다'는 뜻으로, '바로잡다'라는 해석과 크게 다르지 않다고 했다. 이 장은 병의 증세만 말하고 병을 치유하는 약은 말하지 않았다. 하지만 주희의 주에 "마음이 보전하지 못함이 있으면 그 몸을 검속할 수 없다. 이 때문에 군자는 반드시 이를 살펴서 마음을 곧게 함으로써 공경한 연후에 이 마음이 항상 보존되어 몸이 닦이지 않음이 없다.[心有不存, 則無以檢其身, 是以君子必察乎此而敬以直之, 然後此心常存而身無不脩也.]"라고 한 것에서 '찰察'을 말하고, '경이직지敬以直之'를 말한 것이 병을 치유하는 약이라고 할 수 있다고 했다.

전8장

# 수신제가修身齊家

## —몸을 닦고 집안을 가지런히 한다

【해설】

이 장은 '수신장修身章'이라고도 한다. 앞의 '성의장'과 '정심장'은 마음이 드러났지만 아직 사물에 응하기 전의 수양에 해당하고, 이 장은 마음이 드러나 사물이나 남을 대하는 수양에 해당한다.

이 장의 제1절은 친애親愛, 천오賤惡, 외경畏敬, 애긍哀矜, 오타敖惰의 다섯 가지 치우친 감정, 즉 '오벽五僻'을 들어 수신의 근본적인 단계가 '편벽함[辟]'을 경계하는 것임을 강조했고, 제2절은 속담을 인용하여 편벽함으로 인한 실례를 보여주고 있으며, 제3절은 수신하지 않으면 사적인 감정에 치우쳐 집안을 가지런히 할 수 없다고 설명했는데, 문투가 앞의 '정심장'과 좀 다르다. 전7.1편은 전7.3편과 수미를 이루는데, 이 장의 전8.1편과 전8.3편은 '수신修身'과 '제가齊家'의 순서를 바꾸어 설명하고 있다.

## 몸을 닦는 것이 우선 전8.1

이른바 '그 집안을 가지런히 한다는 것은 그 몸을 닦는 것에 있다'는 것은 사람[1]이 그가 친하고 사랑하는 바에 치우치며, 그가 천하게 여기고 싫어하는 바에 치우치며, 그가 두려워하고 존경하는 바에 치우치며, 그가 슬퍼하고 자랑스러워하는 바에 치우치며, 그가 거만하고 게으른 바에 치우치나니, 그러므로 좋아하면서도 그 악함을 알고, 미워하면서도 그 아름다움을 아는 자는 천하에 드물다.[2]

所謂齊其家在修其身者, 人之其所親愛而辟焉, 之其所賤惡而辟焉, 之其所畏敬而辟焉, 之其所哀矜而辟焉, 之其所敖惰而辟焉, 故好而知其惡, 惡而知其美者, 天下鮮矣.



## 아들의 악함은 커가도 모른다 전8.2

그러므로 속담에 다음과 같이 말하니, "사람이 아무도 그 아들의 악함을 알지 못하고, 아무도 그 싹이 큰 것을 알지 못한다."[3]라고 했다.

故諺有之曰, "人莫知其子之惡, 莫知其苗之碩."

---

1) 원문의 "인人"을 번역한 것이다. '뭇사람[衆人]'을 가리키는 것으로 '소인小人'의 개념으로 보아야 한다.

2) 좋아하면서도 악함을 알고, 미워하면서도 아름다움을 아는 자가 드문 이유는 사람들이 다들 치우치기 때문이다. 그래서 좋으면 다 아름다워 보이고, 싫으면 다 미워 보이는 것이다.

## 몸이 닦이지 않으면 **전8.3**

이것은 '몸이 닦이지 않으면 그 집안을 가지런하게 할 수 없다'는 것을 일컫는다.[4)]

此謂身不修, 不可以齊其家.



3) 자식을 편애해서 자신의 아들이 악한지를 모르고, 어쩌다 보니 악의 싹이 큰 줄도 모르는 것이다. "사랑에 빠진 자는 사리에 밝지 못하고, 탐욕스러운 자는 만족할 줄 모른다.[溺愛者不明, 貪得者無厭.]"라는 주희의 주석을 참조할 만하다.

4) '가家'는 사회 구성단위의 하나로 사회, 국가, 천하의 핵심이자 천하 국가의 성패를 가늠하는 요인이다. '제가齊家'는 《중용》에서도 말했듯이 부부의 사랑을 바탕으로 생명을 낳아 기르고 가르침으로써 사회의 일원으로 참여하게 하는 데 큰 의미가 있다.

전9장

# 제가치국齊家治國

## —집안을 가지런히 하고 나라를 다스리다

【해설】

전의 9장은 "제가"와 "치국"을 해석한 장으로, 교화를 말하고 있다. 교화는 자기의 덕을 미루어 다른 사람도 변화하도록 하는 것이다.

제1절은 제가에서 치국으로 교화가 넓어지는 것을 말하고, 제2절은 《시경》 '강고' 편의 구절을 인용해 추推를, 제3절은 집안의 교화에서 나라 사람의 교화에까지 이르는 것을, 제4절은 요순 임금과 걸주의 예로 화化를 먼저 말하고 추推에 이르고, 제5절은 결론을, 제6절부터는 제가에서 치국으로 미루어나가는 점을 강조하고 있다.

자신의 집안도 교화하지 못하는 사람이 사회나 국가를 다스릴 수 없으니 먼저 집안을 다스려야 하며, 한 가정이 어질면 그것이 퍼져나가 한 나라가 어질어지고 백성이 본받아서 결국 나라가 교화되는 것이다. 그러므로 《시경》을 인용하여 한 집안의 형제나 아버지와 아들을 모범으로 삼으니, 이것이 치국의 요건이 된다. 그러므로 이 제가는 《중용》 12.14편 "군자의 도는 부부에게서 단서를 만드니, 그 지극함에 미쳐서는 하늘과 땅에서 드러나게 된다.[君子之道, 造端乎夫婦, 及其至也, 察乎天地]"와 연관해 생각해보아야 한다.

## 집안도 못 다스린다면 **전9.1**

이른바 '나라를 다스리는 것은 반드시 먼저 그 집안을 가지런하게 한다'는 것은 그 집안을 가르칠 수 없으면서[1] 능히 다른 사람을 가르칠 수 있는 것, 그런 것은 없다는 것이다. 그러므로 군자는 집을 벗어나서 나라에 가르침을 이룰 수 없으니, 효라는 것은 군주를 섬기는 까닭이며, 공손함[2]이라는 것은 윗사람을 섬기는 까닭이며, 자애라는 것은 민중을 부리는 까닭이다.[3]

所謂治國必先齊其家者, 其家不可教, 而能教人者, 無之. 故君子不出家, 而成教於國, 孝者, 所以事君也, 弟者, 所以事長也, 慈者, 所以使衆也.



## 어린아이를 보호하는 것처럼 **전9.2**

'강고' 편에서 말하기를 "마치 갓난아이를 보호하는 것처럼 하라."[4]라고 했으니, 마음이 진실로 그것을 추구하면, 비록 들어맞지

1) 원문의 "기가불가교其家不可教"를 번역한 것인데, '불가교不可教' 뒤에 '기가其家'가 와서 '불가교기가不可教其家'라는 문장이 도치된 것이다.

2) 원문의 "제弟"를 번역한 것으로, '공손하다[悌]'와 같은 의미다.

3) 원문의 "효孝 · 제弟 · 자慈"는 "스스로를 닦고 집을 교화할 수 있는 까닭이다.[所以修身而教於家者也.]"(주희 설). 몸을 닦아 효, 제, 자를 가르치면 집안이 가지런해지고, 나아가 나라를 다스릴 수 있다는 의미다.

4) 원문의 "여보적자如保赤子"를 번역한 것으로, '적자赤子'는 '갓난아이'를 말한다. 부모가 갓난아이를 사랑으로 보살피듯이 이러한 마음으로 백성을 다스려야 한다는 것이다.

않더라도 멀어지지는 않을 것이니, 자식을 기르는 것을 배운 이후에 시집가는[5] 사람은 있지 않다.

康誥曰: "如保赤子." 心誠求之, 雖不中, 不遠矣, 未有學養子, 而後嫁者也.

## 말 한마디, 사람 하나 **전9.3**

한 집안이 인仁하면 한 나라에 인을 일으키고, 한 집안이 양보하면 한 나라가 양보를 일으키며, 한 사람이 탐욕을 부리고 어그러지면 한 나라가 난을 일으킨다. 그 기동함[6]이 이와 같으니, 이것을 일컬어 한마디의 말이 일을 뒤엎고, 한 사람이 나라[7]를 안정시킨다고 한다.

---

5) 양육법을 모르고 시집가서 아이를 낳아 키우기 마련이다. 이것은 '심성구지心誠求之'와 통하는 말이기도 하다.

6) 원문의 "기機"를 번역한 것으로, '말미암는 바를 피고 움직이게 하는 것[發動所由]'을 뜻하며, 여기서 '기機'는 동사로 '기동機動하다'라는 의미다.

7) 팡동메이方東美 교수는 "국가는 국민의 안전하고 행복한 생활이 보장되도록 정치적·경제적·군사적 외형조직을 갖추고 도덕적 이상을 실현할 수 있는 발판이 되어야 하고, 하나의 원만하고 우아한 학교가 되어 문화적인 소양을 함양하여 각자가 가진 잠재능력을 발휘할 수 있도록 교화, 육성해야 하며, 문화 가치를 계속 제고해가는 창조의 터전으로서 평등한 기회와 공민으로서의 의무를 충실히 수행하게 하는 동시에, 개인마다 특수한 재질을 발전시켜 문화 이상을 실현하는 창조 활동에 기여하도록 해야 한다."라고 했다. 《대학》에서 말하는 '나라'의 개념과 함께 생각해볼 부분이다.

一家仁, 一國興仁,[8] 一家讓, 一國興讓, 一人[9]貪戾, 一國作亂, 其機如此, 此謂一言僨事, 一人定國.

## 군자는 먼저 자신에게서 찾는다 **전9.4**

요임금과 순임금이 천하를 인으로써 거느려 백성이 그를 따르고, 걸과 주가 천하를 난폭함으로써 거느려도 백성이 그를 따르니, 그 명령하는 바가 [군주가] 좋아하는 바와 반대가 되면[10] 백성이 따르지 않는다. 이런 까닭으로 군자는 자기에게 있고 난 뒤에 남에게 구하며,[11] 자기에게 없고 난 이후에 남을 비난하니, 자신에게 감추어진 바가 용서되지 않는데도 능히 남에게 깨우쳐줄 수 있는 자는 있지 아니하다.



堯舜帥天下以仁, 而民從[12]之, 桀紂帥天下以暴, 而民從之, 其所令反

8) "일국一國, 흥인興仁"은 문장 순서에 따라 "온 나라가 인을 일으키고"라고 번역하지만, 인仁이 일국一國 뒤에 와서 '온 나라에 인이 일어나다'라고 번역해야 한다.

9) "일인一人"은 군주[君]를 일컫는다.

10) 원문의 "반反"을 번역한 것으로, '도리어'가 아니라, '반대가 되다'라는 뜻이다.

11) 원문의 "군자君子, 유저기有諸己, 이후구저인而後求諸人"을 번역한 것이다. 유가에서 말하는 군자의 상은 모든 것을 자기에게서 구하고 살필 것이며, 남에게서 말미암는 것이 없다. 《논어》〈위령공〉 편에 "군자구저기君子求諸己, 소인구저인小人求諸人", 《맹자》〈이루 상〉 편에 "반구저기反求諸己", 《명심보감》〈성심〉 편에 "행유부득行有不得, 반구저기反求諸己", 우임금의 아들 백계의 고사 "반궁자문反躬自問, 반궁자성反躬自省" 등에서도 군자의 상을 언급하고 있다.

12) "종從"은 '따를 종'으로, 여기서의 '종'은 긍정적인 개념이고, 뒷 구절의 '종'은 부정적인 의미로 따른다는 것이다.

其所好, 而民不從, 是故君子, 有諸己, 而後求諸人, 無諸己, 而後非諸人, 所藏乎身不恕,[13] 而能喩諸人者, 未之有也.

### 치국은 제가다 **전9.5**

그러므로 나라를 다스리는 것은 그 집안을 가지런히 하는 데에 있다.

故治國在齊其家.

### 좋은 여자가 집안에 들어오면 **전9.6**

《시경》[14]에 이르기를 "복숭아꽃이 예쁘고 예쁘구나.[15] 그 잎이 무성하고 무성하구나.[16] 이 여자가[17] 시집을 가서[18] 그 집안사람들에

13) "소장호신불서所藏乎身不恕"는 '소장호신所藏乎身, 불서不恕'처럼 쉼표가 있는 경우에는 '자신에게 감춰져 있는 바를 용서하지 못하면서'로, 쉼표가 없는 경우에는 '용서할 수 없는 것을 자신에게 감추는 바로'로 번역할 수 있는데, 역자는 전자로 번역했다.

14) 인용된《시경》은〈주남周南〉의 '도요桃夭' 편이다. 지자之子(시집가는 여자아이)의 덕행을 복숭아나무[桃]의 아름다움과 무성함에 비유한 것이다. 이처럼 덕행이 올바르고 무성하다면, 시집가서 착실히 제 임무를 다할 것이요, 주변에도 감화되어 집안으로 퍼져나가고, 결국 나라에까지 퍼진다는 것이다.

15) 원문의 "요요夭夭"를 번역한 것으로, '젊고 예쁜 모양[少好貌]'을 뜻한다.

16) 원문의 "진진蓁蓁"을 번역한 것으로, "아름다움이 성한 모양[美盛貌]"을 뜻하니 '흥興'과 통한다. '기엽진진其葉蓁蓁'은 자식을 많이 낳으라는 말이다.

17) 원문의 "지자之子"를 번역한 것으로, 여자를 일컫는다. 주희는 "이것은 여자가 시집가는 것을 가리켜서 말한다.[此指女子之嫁者而言也.]"라고 풀이했다.

게 잘하는구나."라고 했으니, 그 집안사람들에게 잘하고 난 다음에 나라 사람들을 가르칠 수 있다.

詩云: "桃之夭夭. 其葉蓁蓁. 之子於歸, 宜[19]其家人." 宜其家人, 而後可以教國人.

우애가 있어야 **전9.7**

《시경》에 이르기를 "형에게 잘하고 아우에게 잘하라."고 했으니, 형에게도 잘하고 아우에게도 잘하고 나서 나라 사람들을 가르칠 수 있다.

詩云: "宜兄宜弟."[20] 宜兄宜弟, 而後可以教國人.



백성이 법도를 본받게 하려면 **전9.8**

《시경》에 이르기를 "그 거동이 어긋남이 없으니[21] 이 사방의 나라를 바르게 한다."라고 했으니, 그가 부자와 형제를 위하여 법도를

---

18) 원문의 "귀歸"를 번역한 것으로, '부인婦人'이 시집가는 것을 일컫는다. 여기에서 '부인婦人'은 결혼한 여자가 아니라, '여자'를 통틀어 말하는 것이다.

19) "의宜"는 '잘할 선善'의 의미다.

20) 인용된 《시경》은 〈소아〉의 '육소蓼蕭' 편이다. 집안에서 형과 아우의 노릇을 각자의 위치에서 마땅히 해내야 집안의 모범이 되고 집 밖에서도 남들을 교화할 수 있다.

21) 원문의 "특忒"을 번역한 것으로, '차差' 자의 의미다.

충족하게 한 다음에 백성이 그것을 본받는다.

詩云: "其儀不忒, 正是四國."[22] 其爲父子兄弟足法, 而後民法之也.

## 치국도 제가가 먼저다 **전9.9**

이것은 '나라를 다스린다는 것은 그 집안을 가지런히 하는 데에 있다는 것'을 일컫는다.

此謂治國, 在齊其家.



22) 인용된《시경》은〈조풍曹風〉의 '명구鳴鳩' 편이다. 부자父子와 형제가 각자 맡은 바를 모범이 되도록 함을 표현한 시로, 나라를 다스리는 것은 집안을 가지런히 하는 데에 있다는 뜻이다.

전10장

# 치국평천하治國平天下

## —나라를 다스리고 천하를 태평하게 한다

【해설】

전의 10장은 "치국"과 "평천하"를 해석한 것이다. 모두 스물세 절로 팔조목의 중심 내용을 종합하고, 치국평천하의 주요 문제를 통괄하고 있다. 백성이 좋아하고 싫어하는 것을 함께하고, 위정자가 이익을 독차지하지 않으며, 모두 혈구絜矩의 뜻을 미루어 백성에게 미치는 것이다. 만약 이와 같다면 친친親親·존현尊賢·낙樂·이利가 각각 제자리를 얻음으로써 천하가 태평하게 될 것이라는 내용이다.

주희도 명확히 단락을 나누어 요지를 파악하지는 않았는데, 여섯 단락이니 여덟 단락이니 하는 설이 분분하다. 제1절은 혈구를 말하고, 제2절은 이를 상세히 설명하고, 제3절~제5절은 혈구를 바탕으로 백성과 함께한 '호오好惡'를 거론했으며, 제6절~제10절은 덕을 근본으로 한 재물과의 관계에 대해 말했으며, 제11절~제14절은 전고를 인용하여 선과 근본에 대해 말했다. 제17절까지는 민중을 얻으려면 선善해야 하고, 선하려면 충신忠信해야 함을 말했다. 제18절은 '용인用人'을 거론했으며, 제19절~제23절은 재화와 용인을 합하여 말했다.

"혈구지도絜矩之道"란 자신의 마음을 헤아려 그것을 척도로 삼아 남을 헤아리는 방법까지 터득하는 것으로, '추기급인推己及人', '불인지심不忍之心'을 말한다. 주희의 주에서는 '상행하교上行下效, 첩어영향捷於影響, 소위제가이국치야所謂齊家而國治也'라 하여 상하上下의 중요성을 강조했는데, 상[천자]이 솔선수범해야 하[백성]에까지 영향을 미치게 된다는 것이다. 즉 내 집[內]에서 효孝를 행한 뒤에야 이것으로써 바깥의 만물[外]에 미칠 수 있다는 유가의 사상이다.

유가는 덕을 근본으로 하고 재물을 경시했기에 이 장에서 덕본재말德本財末을 내세우고 있다. 덕을 멀리하고 재물만 추구해서는 백성들을 추스르게 하는 것이 어렵다는 것을 거듭 강조하고 있다. 이로써 민생을 안정시키고 경제가 안정된다면 치국평천하가 되는 것이다. 공자가 말한 "족식족병足食足兵, 민신民信"이 이루어지는 것이다.

"차위국불이리위리此謂國不以利爲利, 이의위리야以義爲利也."는 결구이다.

군자가 바라는 것은 이利가 아니라 의義를 추구하는 것이다. 재물을 소유하여 잘사는 것이 아니라 어떤 가치를 지니고 살지가 중요한 문제이다. 공자가 "민신民信"을 가장 우선시한 점도 여기에 있으니, 위정자가 명심할 대목이다.

## 혈구지도란 **전10.1**

이른바 '천하를 평정하는 것이 그 나라를 다스리는 데에 있다'는 것은 윗사람이 노인을 노인으로 대접하면[1] 백성은 효를 일으키고, 윗사람이 연장자를 연장자로 대접하면 백성은 공손함을 일으키고,[2] 윗사람이 고아[3]를 어여삐 여기면 백성은 어그러지지 않으니,[4] 이 때문에 군자는 곱자라는 재는 도구[5]를 가지고 있다.

所謂平天下在治其國者, 上老老而民興孝, 上長長而民興弟, 上恤孤而民不倍, 是以君子有絜矩之道也.

---

1) 원문의 "노노老老"를 번역한 것으로, 주희는 "이른바 우리 노인을 노인으로 대접한다는 것이다.[老老, 所謂老吾老也.]"라고 풀이했다. 《맹자》〈양혜왕梁惠王 상上〉에 "우리 노인(부형)을 노인으로 섬겨 남의 노인에게 미치고, 내 어린아이(자제)를 어린아이로 사랑해서 남의 어린아이에게까지 미치면, 천하는 손바닥에 놓고 움직일 수 있습니다.[老吾老以及人之老, 幼吾幼以及人之幼, 天下可運於掌.]"라는 구절이 있다.

2) 원문의 "흥제興弟"를 번역한 것이다. "'흥興'은 감동이 피어나고 흥이 일어나는 바[所感發而興起]"(주희 설)를 말하고, '제弟'는 '공손할 제悌'와 의미가 같다.

3) 원문의 "휼고恤孤"를 번역한 것이다. 주희는 '고孤'를 "어려서 아버지가 없는 지칭[幼而無父之稱]"이라 하고, 공영달은 '외롭고 약한 사람[孤弱之人]'이라 했으며, 정약용은 옛 왕이 '휼고恤孤'하는 방법은 나라를 위해 죽은 사람의 아들을 양육하는 것[恤孤之法, 其死事者之孤, 公養之]이라고 했다.

4) 원문의 "배倍"를 번역한 것으로, '역逆'과 같은 의미다.

5) 원문의 "혈구지도絜矩之道"를 번역한 것으로, '혈絜'은 '헤아리다, 재다[度]'라는 뜻으로 보았으며, '구矩'는 '곱자 구', '곡척 구'라는 뜻으로 방형方形과 장단長短, 곡직曲直, 광협廣狹 따위를 재는 도구이다. 이는 반구저기反求諸己에서 나아가 "추기급인推己及人", "기소불욕물시어인己所不欲勿施於人"과 상통한다. 내가 하고자 하는 것은 남도 하고자 할 것이며, 내가 꺼리는 바는 남도 꺼릴 것임을 헤아리는 것은 당연한 이치다[易地思之, 推己及人].

## 솔선수범 전10.2

윗사람에게 하기 꺼려지는 바로 아랫사람을 부리지 말며, 아랫사람에게 꺼려하는 바로 윗사람을 섬기지 말며, 앞사람에게 꺼려하는 바로 뒷사람을 먼저 하게 하지 말며, 뒷사람에게 꺼려하는 바로 앞사람을 좇지 말며, 오른쪽에 꺼려하는 바로 왼쪽과 교분을 맺지 말며, 왼쪽에 꺼려하는 바로 오른쪽과 교분을 맺지 말라. 이것을 일컬어 곱자로 재는 도라고 한다.

所惡於上, 毋以使下, 所惡於下, 毋以事上, 所惡於前, 毋以先後, 所惡於後, 毋以從前, 所惡於右, 毋以交於左, 所惡於左, 毋以交於右. 此之謂絜矩之道.



## 백성의 부모 전10.3

《시경》[6]에 이르기를 "즐겁구나, 군자여. 백성의 부모로구나!"라고 했으니, 백성이 좋아하는 바를 좋아하고, 백성이 미워하는 바를 미워하는 것,[7] 이것을 일컬어 '백성의 부모'라고 한다.

詩云: "樂只君子, 民之父母!" 民之所好好之, 民之所惡惡之, 此之謂民之父母.

---

6) 인용된 《시경》은 〈소아〉 '남산유대南山有臺' 편이다. '혈구지도'를 잘 터득하여 백성의 마음을 자기의 마음으로 삼는 것이 백성을 자식처럼 아끼는 것이다.

7) 윗사람이 백성이 좋아하는 바를 좋아하고, 백성이 싫어하는 바를 싫어해야 하는데, 이와 반대가 되면 민란이 일어난다. 민심이 천심天心이다.

## 삼가지 않으면 죽임을 당한다 **전10.4**

《시경》[8]에 이르기를 "깎아지른[9] 저 남산이여, 오직 바위가 높고 높구나. 빛나고 빛나는 태사 윤씨여,[10] 백성이 모두 너를 보고[11] 있구나."라고 했으니, 나라를 소유한 자는 가히 삼가지 않을 수 없으니, 편벽[12]되면 천하에 의해 죽임을 당할 것이다.[13]

詩云: "節彼南山, 維石巖巖. 赫赫師尹, 民具爾瞻." 有國者, 不可以不愼, 辟則爲天下僇矣.

8) 인용된《시경》은 〈소아〉의 '절남산節南山' 편이다. 주나라의 가부家父가 지은 시로, 국정을 함부로 한 태사 윤씨를 꾸짖고 왕이 윤씨를 등용하여 난亂을 일으킨 것을 풍자했다. 윗자리에 있는 자는 사람들이 우러러보기 때문에 삼가지 않을 수 없다. 만약 왕이 곱자로 재지 못하여 좋아하고 미워함을 자기의 편벽함에 따르게 되면 자신은 시해되고 나라는 망하니, 윗자리의 중요성을 강조한 것이다.

9) 원문의 "절節"을 번역한 것으로, "깎아지른 듯이 높고 큰 모양[截然高大貌]"(주희 설)을 일컫는다. '절截' 자의 의미와 같다.

10) 원문의 "사윤師尹"을 번역한 것으로, 태사는 삼공三公의 으뜸 벼슬이고, 윤씨는 그의 성이다. 그러나 현대의 중국 학자들은 대체로 왕국유王國維의 고증에 근거하여 태사와 윤씨를 모두 벼슬 이름으로 보고 있다.(이세동 역,《대학·중용》, 을유문화사, 2007, 111쪽.)

11) 원문의 "이첨爾瞻"을 번역한 것으로, '첨이瞻爾'가 뒤바뀐 것이다.

12) 원문의 "벽辟"을 번역한 것이다.《논어》〈위정〉에서 말하는 "군자는 원만하지만 편을 가르지 않고, 소인은 편을 가르지만 원만하지 않다.[君子, 周而不比, 小人, 比而不周.]"에서 '비比'는 비슷한 부류끼리 어울린다는 뜻으로 '편당偏黨(떼를 지음)'의 개념이다.

## 대중을 얻어야만 **전10.5**

《시경》[14]에 이르기를, "은나라가 대중을 잃지[15] 않았을 때는 능히 하느님과 짝했다.[16]"고 하니 마땅히 은나라를 거울삼고,[17] 큰 명령은 쉽지 아니하니 대중을 얻으면 나라를 얻고, 대중을 잃으면 나라를 잃는다는 것을 말한다.

詩云: "殷之未喪師, 克配上帝." 儀監於殷, 峻命不易, 道得衆, 則得國, 失衆, 則失國.



13) 원문의 "위천하륙의爲天下僇矣"에서 '천하天下'는 백성을 의미한다. "천하가 죽일 수 있다"라고 번역하면 안 된다. 륙僇 앞에 소所를 넣어서, "위爲 A 소所 B"는 'A에 의해 B한 바 되다.'라는 피동으로 번역해야 한다. 이 구절은 천하의 주인은 백성이라는 뜻으로《논어》〈안연〉 편에서 "백성이 믿어주지 않으면 [나라는] 존립할 수 없다.[民無信不立.]"라고 했듯이, '믿음[信]'이 가장 중요하다. '병기[兵]'를 먼저 없애고, 그다음으로 '식량[食]'을 없애도 괜찮으나 백성의 믿음은 절대로 버려서는 안 된다고 한 것과 의미가 통한다.

14) 인용된《시경》은 〈대아〉의 '문왕' 편이다. 민심을 얻으면 상제와 짝할 정도이지만, 대중을 잃으면 나라를 통치하지 못함을 말한다. "천하를 소유한 자가 능히 이 마음을 보존하고 잃지 않으면, 혈구絜矩하여 백성과 함께하는 것이 자연히 그만둘 수 없을 것이다.[有天下者, 能存此心而不失 則所以絜矩而與民同欲者, 自不能已矣.]"(주희 설)라고 했다.

15) 원문의 "상사喪師"를 번역한 것이다. '사師'는 대중[衆]을 의미하므로 '상사喪師'는 민심을 잃었다는 말이다.

16) 원문의 "배상제配上帝"를 번역한 것이다. '상제上帝'는 하느님이고, 배상제配上帝는 "천하의 군주가 되어서 하느님과 마주하고 있다는 것을 말한다.[言其爲天下君, 而對乎上帝也.]"(주희 설)라는 뜻이다.

17) 원문의 "의감儀監'을 번역한 것인데, '의'는 '마땅하다'로, '감監'은 '거울삼다'라는 동사로 번역한다.

## 덕에서 먼저 삼가라 **전10.6**

이런 까닭으로 군자는 먼저 덕에서 삼가니,[18] 덕이 있으면 이에 사람이 있게 되고, 사람이 있으면 이에 땅이 있게 되고, 땅이 있으면 이에 재물이 있게 되고, 재물이 있으면 이에 쓰임이 있게 된다.[19]

是故, 君子先愼乎德. 有德, 此有人, 有人, 此有土, 有土, 此有財, 有財, 此有用.

## 덕과 재물 **전10.7**

덕은 근본이요, 재물은 끝이다.

德者本也, 財者末也.

## 거꾸로 한다면 **전10.8**

근본을 바깥으로 하고, 끝을 안으로 하면, 백성을 다투게 하고, 빼앗는 방법을 퍼트리는 것이다.[20]

---

18) 원문의 "선신호덕先愼乎德"을 번역한 것으로, 주희는 "덕이라는 것은 곧 이른바 덕을 밝힌다는 것이다.[德即所謂明德.]"라고 풀이했다.

19) 《논어》〈이인〉 편에 "덕불고필유린德不孤必有隣"이라는 구절과 통한다. 명덕明德을 근본으로 삼으면 재물은 저절로 모이기 마련이라며 근본의 중요성을 말하고 있다.

外本內末, 爭民施奪.

## 백성이 흩어지지 않게 하려면 **전10.9**

이런 까닭으로 재물이 모이면 백성이 흩어지고, 재물이 흩어지면 백성이 모인다.[21]

是故, 財聚則民散, 財散則民聚.[22]



20) 근본은 덕을, 끝은 재물을 말한다. 덕을 멀리하고 재물만 추구하면, 앞의 인용된《시경》의〈주남〉'도요' 편 같은 덕의 융성함과는 반대로 뭇사람이 모두 재물을 탐하는 일에 몰두하여 서로 다툴 것이다. 이것은 혈구지도를 그릇되게 하고 이익만 일삼는 것이다. 인간은 이해관계에서 끊임없이 갈등하기 때문에《대학》의 문장에 이러한 이상적 내용을 다루고 있음을 인지하여 우리는 늘 이상과 현실을 융합하여 공부하고 습득해야 한다.

21) 재물이 쌓이면 사람이 흩어질 수밖에 없다는 말뜻은 옳다. 예를 들어 집안에 재산이 많은 경우, 가족 간에 갈등과 불화가 일어나는 경우가 종종 있다. 그러나 재물이 모이면 사람들이 모여들고, 재물이 흩어지면 사람들 또한 흩어지는 것이 현실이다. 이것은 법가가 주장하는 논의이기도 하다. 필자가 생각하기에는 사람이 살아가는 데 덕과 재물 모두 중요하다. 그러나 재물과 이익에만 치우쳐 근본[德]을 잃고 살아간다면 과연 진정한 삶의 가치가 제대로 힘을 발휘할 수 있을까? 덕과 재물을 근본과 말단으로 구분했듯이, 먼저 해야 할 바와 나중에 해야 할 바를 지혜롭게 헤아리는 것이 진리라고 생각한다.

22) "근본을 바깥으로 하고 끝을 안으로 하기 때문에 재물이 모이고, 백성을 다투게 하고, 빼앗는 것을 퍼트리기 때문에 백성이 흩어진다. 이와 반대로 하면 덕이 있게 되고, 사람이 있게 된다.[外本內末故財聚, 爭民施奪故民散. 反是則有德而有人矣.]"(주희 설)

뿌린 대로다 **전10.10**

이런 까닭으로 말이 어그러져서 나가는 것 또한 어그러져서 들어오고, 재물이 어그러져서 들어오는 것 또한 어그러져서 나간다.[23]

是故, 言悖而出者, 亦悖而入, 貨悖而入者, 亦悖而出.

천명도 영원하지 않다 **전10.11**

'강고' 편에서 말하기를 "오직 천명이란 영원하지 않다."라고 했으니, 선하면 그것을 얻고, 선하지 않으면 그것을 잃는 것을 말한다.

康誥曰: "惟命不於常." 道善則得之, 不善則失之矣.

선함을 보배로 삼은 나라 **전10.12**

《초서楚書》[24]에서 말하기를 "초나라는 보배로 삼는 것이 없고, 오직 선함을 보배로 삼는다.[25]"라고 했다.[26]

---

23) "언言"과 "화貨"를 비교하여 풀이하고 있다. 말이 어그러져서 나가면 어그러져서 들어온다는 말은 "가는 말이 고와야 오는 말이 곱다."와 같다. 이처럼 어그러져서 들어온 재물 역시 어그러져서 나간다는 것이다. 혈구한 자와 혈구하지 못한 자의 득실을 밝히고 있다.

24) 인용된 《초서》는 《국어國語·초어楚語》를 말하는데, 이세동에 따르면 《초서》에는 이 말이 없고, 비슷한 이야기가 있다. 초나라 소왕昭王의 대부 왕손어王孫圉가 진晉나라에 사신으로 갔을 때 조간자趙簡子가 패옥에 대해 묻자 왕손어가 초나라의 어진 신하 두 사람을 거론하며 이들이 보배라고 말했다.

楚書曰: "楚國無以爲寶, 惟善以爲寶."

## 구범이 보배로 삼은 사람 **전10.13**

구범[27]이 말하기를 "망명한 사람[28]은 보배로 삼는 것이 없고, 친한 사람을 사랑하는 것[29]을 보배로 삼는다."라고 했다.

舅犯曰: "亡人無以爲寶, 仁親以爲寶."

---

25) 원문의 "유선이위보惟善以爲寶"를 번역한 것으로, '이위보以爲寶'가 동사이고, '유선惟善'이 목적어이니, '유선惟善'이 앞에 와야 번역과 문장이 일치되므로 도치된 것이다. 이 구절을 "오직 선으로써 보배로 삼는다."라고 번역하기도 한다.

26) 여기서 말하는 보배는 금金이나 옥玉 같은 금은보화가 아니라 초나라의 '선인善人'을 보배로 여긴다.[不寶金玉而寶善人也.](주희 설)

27) "구범舅犯"은 '진문공晉文公'의 외삼촌 '호언狐偃'으로, 자는 '자범子犯'이고 외숙을 뜻하는 "구舅"를 써서 "구범舅犯"이라 했다. 《사기》〈진세가晉世家〉에 "진나라 문공 중이는 진 헌공의 아들이다. 어려서부터 선비를 좋아하여 나이 열일곱에 어진 선비 다섯 명을 두었으니 조최와 문공의 외삼촌인 호언구범, 가타, 선진, 위무자이다.[晉文公重耳, 晉獻公之子也. 自少好士, 年十七, 有賢士五人, 曰趙衰, 狐偃咎犯, 文公舅也, 賈佗, 先軫, 魏武子.]"라는 구절에 보인다. 구범은 문공의 망명 시절부터 모셨으며, 문공이 제후의 자리에 오르자 대부가 되어 문공을 도왔다.

28) 원문의 "망인亡人"을 번역한 것으로, 이는 문종이 당시 공자公子의 신분으로 망명을 떠난 것이다.(주희 설)

29) 원문의 "인친仁親"을 번역한 것이다. '인한 사람을 친히 하는 것'이라고도 번역하지만, '친親'은 '부형父兄'을 말하며, 주희가 "'인仁'은 사랑하다[愛]"라고 한 것으로 보아, '친한 사람을 사랑하는 것'이라고 번역해야 한다. '인친仁親'이 인仁의 시초이다. 유가에서 말하는 '친親'의 개념은 부모와 자식 간의 친함이다. 친한 사람을 사랑하는 것을 보배로 삼고, 부모를 봉양하는 마음을 개나 돼지를 키우는 것과 달리하여, 이러한 마음이 '백성에게 미쳐야 하는 것[及人]'이다.

## 진실로 받아들일 수 있는 사람 **전10.14**

《진서》에서 말하기를 "만일 진실하기만 하고 특별한 재주는 없는 어떤 신하가 그 마음이 아름다워 재주 있는 많은 사람을 받아들이니, 재주 있는 사람을 보면 마치 자신이 그 재주를 가지고 있는 것처럼 여기며, 훌륭하고 명철한 사람을 보면 마음으로 그들을 좋아하여 단지 입으로 말하는 것이 아니라 진실로 그들을 받아들일 수 있다면 우리 자손과 백성을 보존할 수 있으며, 오히려 이로움마저 있을 것이로다! [그러나] 재주 있는 사람을 질투하여 그를 미워하고, 훌륭하고 명철한 사람의 의견을 거슬러서 관철하지 못하게 한다면, 이는 다른 사람을 받아들일 수 없는 사람이다. 이러한 신하를 둔다면 우리 자손과 백성을 보존할 수 없을 것이니, 또한 '위태롭도다' 라고 말할진저."[30]라고 했다.

《秦誓》曰: "若有一个臣, 斷斷兮無他技, 其心休休焉, 其如有容焉. 人之有技, 若己有之. 人之彥聖, 其心好之, 不啻若自其口出, 寔能容之, 以能保, 我子孫黎民, 尚亦有利哉, 人之有技, 媢疾以惡之, 人之彥聖, 而違之, 俾不通, 寔不能容, 以不能保我子孫黎民, 亦曰殆哉."



30) 이 장에서는 원문의 "단단斷斷"이라는 말에 주목해야 한다. 주희나 정현은 '성일誠一한 모양'이라 했고, 공영달은 '성실전일誠實專一'이라 풀이했다. 곧 '단단斷斷'이란 진실하며 한결같은 마음으로, 투박하고 우직한 성품을 뜻한다. 이것이 재능과 재주보다도 근본이 되어야 함을 말하고 있다.

## 사랑도 미움도 인한 사람만이 **전10.15**

오직 인한 사람만이 그러한 사람들을 내쫓아 유배 보내어 사방의 오랑캐 지역으로 쫓아내어 중원에 함께하지 않게 한다. 이것을 "오직 인한 사람만이 다른 사람을 사랑할 수 있고, 다른 사람을 미워할 수 있다."라고 일컫는 것이다.[31)]

唯仁人放流之, 迸諸四夷, 不與同中國. 此謂唯仁人爲能愛人, 能惡人.

## 인재 등용의 원칙 **전10.16**

현명한 사람을 보고 등용할 수 없고, 등용했더라도 우선시하지 않았다면, 천명[32)]이다. 선하지 못한 사람을 보고도 물러나게 할 수 없고, 물러나게 하더라도 멀리할 수 없다면, 허물이다.

見賢而不能擧, 擧而不能先, 命也, 見不善而不能退, 退而不能遠, 過也.



31) "기륜"에 대한 설명이다. 시기하는 마음은 현명함을 방해하고 나아가 나라까지 병들게 한다. 인仁한 사람은 시기하는 마음 없이 남을 자신처럼 사랑하고 수용하기 때문에 오직 인한 사람만이 사사로운 마음 없이 사랑하고 미워할 수 있다는 것이다.

32) 원문의 "命"을 번역한 것으로, 정현은 "소홀하다[慢]", 정이는 '게으르다[怠]', 주희는 누가 옳은지 모르겠다고 했다. 정약용은 "어진 이를 보고도 먼저 들어 쓸 수 없는 것은 간혹 그 사람이 때에 이르지 않았으므로 '명命'이라고 말한 것이다. 어진 이를 등용하지 못하는 일은 오히려 말이 있으나 악인을 물리치지 못한 일은 변명할 수도 없다.[見賢而不能先擧, 或其人時有未至, 故曰命也. 謂不進賢, 猶有辭, 不退惡, 無可諉也.]"라고 풀이했다.

## 본성을 거스른다면 **전10.17**

남이 싫어하는 바를 좋아하며, 남이 좋아하는 바를 싫어하는 것, 이것을 일컬어 사람의 본성을 거스르는 것이라고 하니, 재앙[33]이 반드시 몸에 미친다.[34]

好人之所惡, 惡人之所好, 是謂拂人之性, 菑必逮夫身.

## 충심과 믿음으로 얻는 것 **전10.18**

이런 까닭으로 군자는 큰 도리[35]를 가지고 있으니, 반드시 충성[36]과 믿음으로써 그것을 얻고, 교만과 사치[37]로 그것을 잃는다.

是故, 君子有大道, 必忠信以得之, 驕泰以失之.

---

33) 원문의 "菑"는 현재 "묵은 밭 치(菑)" 자이나 고대에는 '재앙[災]'이라는 의미로 사용했다. 여기에서도 '재앙'을 뜻한다.

34) "선을 좋아하고 악을 미워하는 것은 사람의 본성이니, 사람의 본성을 거스르는 것에 이르면 인하지 않음이 심한 것이다.[好善而惡惡, 人之性也, 至於拂人之性, 則不仁之甚者也.]"(주희 설) 유가에서 출발한 성선설과 성악설은 인간의 본성에 대해 말한 것이다. 성선설은 위의 문장에서 '호인지소오好人之所惡'에 해당하며, 강제성이 없는 예로 다스리는 것을 말했고, 성악설은 '호악오선好惡惡善'을 말하는 것으로, 강제성이 있는 법으로 다스려야 한다는 입장이다. 그러나 인간의 본성을 성선과 성악으로 단순하게 나누기는 어렵다.

35) "'도道'는 그 자리에 머물러서 자신을 닦고 남을 다스리는 방법을 일컫는다. [道, 謂居其位而修己治人之術.]"(주희 설)

36) 원문의 "충忠"을 번역한 것으로, 이 글자는 '중中', '충沖' 등의 글자와 관련이 있다. 《小疏》에서는 '중심中心이 충忠'이라고 풀이한다. 어떤 일을 꾀함에서 진실하고 성실한 마음으로 임해야 하며, 다른 사람을 절대 속여서는 안 된다는 뜻이다.

## 재물을 생산하는 도 네 가지 **전10.19**

재물을 생산하는 데는 큰 도가 있으니, 그것을 생산하는 자가 많고, 그것을 먹는 자가 적고, 그것을 하는 자[38]가 빠르고, 그것을 쓰는 자가 천천히 하면 재물은 항상 풍족하다.[39]

生財有大道, 生之者衆, 食之者寡, 爲之者疾, 用之者舒, 則財恒足矣.

## 인자와 재물의 관계 **전10.20**

인한 자는 재물로써 자신을 피어나게 하고, 인하지 않은 자는 자신으로써 재물을 피어나게 한다.[40]



---

37) 원문의 "태泰"를 번역한 것으로, "사치스럽고 방자함[侈肆]"(주희 설)을 뜻한다.

38) 원문의 "위지자爲之者"를 번역한 것으로, 생업에 종사하는 자이다.

39) 이 문장에 대해 여대림呂大臨은 "나라에 노니는 백성이 없으면 생산하는 자가 많을 것이고, 조정에 요행으로 자리를 얻는 지위가 없으면 먹는 자가 적을 것이며, 농사철을 빼앗지 않으면 빠르게 할 것이요, 들어오는 것을 헤아려 내보내면 천천히 쓸 것이다.[國無遊民, 則生者衆矣, 朝無幸位, 則食者寡矣, 不奪農時, 則爲之疾矣, 量入爲出, 則用之舒矣.]"라고 하여 재물을 사치하지 않고 오래도록 검소하게 쓸 수 있는 방안에 대해 풀이했다.

40) 지혜로써 재물을 쓰고 백성을 다스리는 '득민得民'을 더 중요하게 여기는 것으로, 사람을 중시하는 유가의 근본 사상이다. 그런데 위의 원문과는 맞지 않는다. 그래서 주희의 주석을 보면, "인한 자는 재물을 흩트려서 백성을 얻고, 인하지 않은 자는 자신을 망가뜨려서 재물을 불린다.[仁者, 散財以得民, 不仁者, 亡身以殖貨.]"라고 했다. 주석의 의미와 같이 본문 '이재발신以財發身'에서 '재財' 앞에 '산散'을 넣고, '이신발재以身發財'에서 '신身' 앞에 '망亡'을 넣어서 이해해야 한다. 번역은 원문 그대로 "재물로써 자신을 피어나게 하고", "자신으로써 재물을 피어나게 한다"라고 번역한다.

仁者, 以財發身, 不仁者, 以身發財.

## 윗사람이 인을 좋아하라 **전10.21**

윗사람[41]이 인을 좋아하는데, 아랫사람이 의를 좋아하지 않는 것은 있지 아니하며, 의를 좋아하는데, 그 [윗사람의] 이 일이 끝마쳐지지 아니하는 것은 있지 아니하며, 부고에 재물이 있는데, 그 [윗사람의] 재물이 아닌 것은 있지 아니하다.

未有上好仁而下不好義者也, 未有好義, 其事不終者也, 未有府庫財, 非其財者也.[42]



---

41) 원문의 "상上" 자를 번역한 것으로, 이 글자를 '윗사람'으로 번역해야 하는 경우가 《논어》에도 나온다. 예를 들어 "공자께서 말씀하셨다. 윗자리에 있으면서 너그럽지 않고, 예를 행하면서 공경하지 않고, 상을 당하여 슬퍼하지 않는다면, 내가 무엇으로써 그런 사람을 관찰할 수 있겠는가?[子曰: 居上不寬, 爲禮不敬, 臨喪不哀, 吾何以觀之哉?]"(〈팔일八佾〉 3.26편)

42) "윗사람이 인을 좋아함으로써 그 아랫사람을 사랑하면, 아랫사람이 의를 좋아하여 그 윗사람을 충심으로써 대하니, 일이 반드시 끝이 있는 까닭이고, 부고의 재물이 어그러져서 나가는 근심이 없는 것이다.[上好仁以愛其下, 則下好義以忠其上, 所以事必有終, 而府庫之財無悖出之患也.]"(주희 설) 윗사람이 인仁이 없으면 일이 끝마쳐지지 않고, 창고에 재물이 없게 된다. 반면에 윗사람이 인仁을 좋아하면 아랫사람이 의義를 좋아하여 윗사람의 일을 늘 잘 처리하고 충성하여 일이 끝마쳐지며, 또한 아랫사람이 재물을 빼앗아가지 않게 되니, 창고에 윗사람의 재물이 있게 된다. 그러므로 "윗물이 맑아야 아랫물이 맑다"는 것이다.

## 착취하는 신하보다 도둑질하는 신하가 낫다 **전10.22**

맹헌자[43]가 말하기를 "네 마리의 말을 치는 사람(초시에 대부의 신분이 된 사람)은 닭과 돼지를 생각하지 않고, 장사나 제사 때 얼음을 사용할 수 있는 사람(경대부 이상의 신분인 사람)은 소와 양을 기르지 않는다. 마차 백 대를 가지고 있는 집안(경대부 집안)에서는 백성을 착취하는 신하를 키우지 않는다. 백성을 착취하는 신하를 키우느니 차라리 도둑질하는 신하를 둘 것이다."라고 했다. 이는 "국가는 이익만 추구함으로써 이익을 삼지 않고, 의로움을 추구함으로써 이익을 삼아야 한다."라는 의미다.

孟獻子曰: "畜馬乘不察於雞豚, 伐冰之家不畜牛羊, 百乘之家不畜聚斂之臣, 與其有聚斂之臣, 寧有盜臣." 此謂國不以利爲利, 以義爲利也.



## 소인은 국가에 재앙과 해악이다 **전10.23**

국가를 이끌어가면서 재물을 쓰는 데에 힘쓰는 것은 반드시 소인에게서 나온다. 소인에게 국가를 다스리게 한다면 재앙과 해악이 함께 이를 것이다. 비록 어진 사람이 있다고 할지라도 어찌할 수 없을 것이다. 이것이 "국가는 이익만 추구함으로써 이익을 삼지 않고, 의로움을 추구함으로써 이익을 삼아야 한다."라는 의미다.

---

43) 맹헌자孟獻子는 춘추시대 노魯나라의 재상인 중손멸仲孫蔑이다. 선정을 베풀어 '사직지신社稷之臣'으로 칭송을 받았다.

長國家而務財用者, 必自小人矣. 彼爲善之,[44] 小人之使爲國家, 菑害竝至. 雖有善者, 亦無如之何矣! 此謂國不以利爲利, 以義爲利也.



44) '피위선지彼爲善之'는 구句의 앞뒤로 빠진 문장이 있거나 글자가 잘못된 것으로 보인다. '피彼'는 '소인'을 가리키는데 그들이 선을 한다는 것은 맞지 않으므로 주희는 '彼爲不善之'이거나 '爲善之'를 빼야 한다고 했다. 이를 놓고 논란이 많다.

# 중용中庸

# 해제

## 《중용》을 탄생시킨 사상적 흐름

동양의 윤리 철학을 관통하고 있는 《중용中庸》은 《예기禮記》 49편 중 31편에 수록되어 있었다가 분리되어 나온 책이다. 《중용》은 궁극의 진리인 천天과 인간 본성과 도덕과 교학을 연결해 설명하는 도학道學의 사상을 담고 있다. '중화中和'를 뜻하는 '중中'과 '항상恒常'을 뜻하는 '용庸'이 결합한 '중용'이란 개념에는 신유학의 심성론과 우주론, '성誠'으로 집약되는 군자상君子像의 거의 모든 의미가 담겨 있다고 해도 과언이 아니다. 즉, 덕행과 윤리와 형이상학의 문제를 다룬 《중용》은 유학이 불교와 갈등하고 대립하는 상황 속에서 형이상학적인 사상 체계를 밝히는 작업의 일환으로 주희의 시야에 들어왔다.

좀 더 들여다보자. 송 대의 정치, 문화의 새로운 분위기 아래 유학을 비판적으로 재해석하려는 시대정신을 기반으로 하여 나온 것이 주자학이며, 당시는 불교와 도교의 영향에서 결코 자유롭지 않았는데, 실제로 신유가 중 상당수가 불교나 도가 사상을 공부했다.

주희는 불교의 선험철학 가운데 일부 요소를 유학에 적용하는 방법을 발견했다. 이 새로운 철학은 많은 사람의 지지를 얻었다. 주희는 '사서학四書學'을 수립하여 한당漢唐 경학과 차별화된 새로운 경전의 토대를 마련하고자 했고, 사서 중에서도 특히 《중용》은 신유학의 철학화, 내면화의 문제를 윤리 질서와 연결하고 조화시키려 한 주희의 의도와도 맞물린다.

## 《중용》의 저자와 주희의 편집 의도

주희가 도통론道統論을 가져와서 《대학》은 증자曾子, 《중용》은 자사子思의 저작으로 단언하자 수많은 학자가 이에 대해 의견을 제시했다. 그러나 《중용》의 저자를 자사로 보는 시각은 대체로 이견이 없다. 사마천도 《사기史記》 〈공자세가孔子世家〉에 《중용》을 지은 사람은 공자의 손자인 자사라는 것을 밝혔기 때문이다.[1)]

> 공자는 리鯉를 낳았는데, 자字가 백어伯魚이다. 백어는 나이 50세에 공자보다 먼저 세상을 떠났다. 백어가 급伋을 낳았는데, 자字가 자사子思이며 향년 62세였다. 일찍이 송나라에서 고생했고, 자사가 《중용》을 지었다.[2)]

주희는《중용》을 편집하면서 송 대 이전의 유학이 육경六經 전수만 업으로 삼았던 점에 비판적 시각을 갖고, 공자 철학을 중심으로 하는 고전을 다시 정리하여 새로운 계통을 세워야겠다고 생각했다. 말하자면 공자의 철학적 사상을 계승하면서도 철학의 방식에 변화를 가져올 필요가 있다고 생각한 것이다. 공자나 맹자는 천인天人 관계를 이원시二元視했지만, 주희는 천인일원관天人一元觀을 제시하여 천과 인의 관계를 수평관계로 바꾸어놓았다. 이러한 관점은 한 대 유학의 독존유술獨尊儒術 전통에서 벗어나 공자와 맹자의 가르침으로 돌아가려는 시도와 더불어 유학 내부의 자기 성찰에 대한 모색이었다.

주희는《중용장구》의 서문에서 '지분절해支分節解, 맥락관통脈絡貫通'에 입각하여《중용》을 구조적으로 분석한다고 선언했고, 〈독중용법讀中庸法〉이란 글에서는 이렇게 말했다.



---

1) 사마천은 자사가《중용》의 저자라는 점을 분명히 밝혔고, 이후 학자들의 중시를 받았다. 사마천의 주장은 다소 논란의 여지가 있었지만, 정현鄭玄과 공영달孔穎達도《중용》이 자사의 저서라고 인정했으며, 주희도 여러 설을 종합하여 같은 결론을 내렸다. 자사에 관한 기록으로는 공자의 손자이며 공자 생전에 증자의 제자였다는 정도만 남아 있다. 한비자韓非子는《한비자》에서 공자가 세상을 떠난 후에 존재한 여덟 학파 가운데 자사의 학파도 있다고 밝혔다.

2) "孔子生鯉, 字伯魚. 伯魚年五十, 先孔子死. 伯魚生伋, 字子思, 年六十二. 嘗困於宋. 子思作中庸."

《중용》 한 책을 내가 망령되이 나의 생각으로 장구를 나누었다. 이 책이 어찌 장구로써 그 본지를 구할 수 있는 것이겠는가? 그러나 학자가 경전을 공부하면서 문사文辭를 터득하지 못한 채 능히 그 의미를 통달하는 자는 아직까지 없었다.[3)]

주희는 장구를 나눈 이유와 구조적 이해의 중요성을 언급했으며, 학자들도 지절支節과 장구章句의 논리접속을 제대로 하지 않으면 주석에 따라 문구나 해석하는 데 그칠 수 있다고 경계했다. 십삼경주소본十三經注疏本에 실린 《예기禮記》의 〈중용〉 편은 본래 후한 정현鄭玄의 주註에 당나라 공영달孔穎達이 소疏를 낸 것으로, 전체가 32장으로 나뉘어 있었다. 주희는 이것을 33장으로 나누었는데,[4)] 주자학이 관학官學으로 자리를 잡게 되면서 주자의 설이 통용되었다.



## 《중용》의 의미와 구성 체제

《중용》에서 '중中'은 균형 잡힌 마음가짐이고, '용庸'은 진실하여 중

---

3) "中庸一篇, 某妄以己意, 分其章句. 是書豈可以章句求哉. 然學者之於經, 未有不得於辭而能通其意者."

도를 잃지 않는 마음을 늘 유지하여 한순간도 벗어나지 않는 것을 의미한다. '중中'을 천덕天德에, '용庸'을 왕도王道에 비유하기도 한다. 유가가 성군으로 존중하는 요임금과 순임금이 왕위를 물려주면서 지키라고 한 것이 바로 '중中'의 철학이었다.

《중용》의 주제어는 '성性·도道·교敎'로, 인간 존재의 심성에 주목하여 존심양성存心養性해서 하늘이 명한 성性에 순응하는 인간의 길을 제시한다. 《중용》의 대지大旨를 한마디로 하면 '성誠'으로, 천도天道와 더불어 지극한 수신의 인도人道를 번갈아 말하고 있다. 또 《중용》을 체용體用의 관점에서 보면, 우리가 눈으로 보고 귀로 들을 수

---

4) 좀 더 살펴보면, 주희는 《중용장구》 장하주章下註에서 네 단락으로 나누고 있고, 명나라 초 호광胡廣 등이 편찬한 《중용장구대전中庸章句大典》에 주희의 〈독중용법〉이 실려 있는데, 중용 제1장을 제1대절로, 제2장부터 제11장까지를 제2대절, 제12장부터 제19장까지를 제3대절, 제20장부터 제26장까지를 제4대절, 제27장부터 제32장까지를 제5대절, 마지막 제33장을 제6대절로 나누었다. 이런 현상은 조선에도 영향을 끼쳐 《중용》 분절설이 활발했다. 권근權近은 주자의 설과 달리 대지삼절大旨三節을, 김만영金萬英은 주희의 《중용장구》에서의 제4대지설을 근본으로 하되 독자적으로 분절했으며, 김근행金謹行은 스승 한원진韓元震의 설을 따라 4대절로 나누었다. 한편 서지학적인 문제도 제기되었으니, 《중용》 제28장에 "금천하차동궤今天下車同軌, 서동문書同文, 행동륜行同倫"이라는 구절이 있어 청 대 학자 유월兪樾은 《중용》이 진시황 이후의 작품이라고 의문을 제기했고, 이때부터 《중용》의 저작연대를 진한 이후로 내려 잡기 시작했다. 서복관 교수는 《중용》과 무관한 문장이 끼어든 것이라고 배제했으며, 김충열 교수는 예악제정 문제를 연구하는 데 중요한 자료라는 이유를 들어 유보했다.

있는 현상의 세계를 두루 보는 광대한 영역의 '비費'를 용用으로, 그 이면에 내재해 드러나지 않는 영역의 '은隱'을 체體로 하고 있다. 《중용》은 마음을 공평무사하고 광명정대하게 지속하여 하늘과 하나가 되는 삶을 살라는 공자의 가르침이 녹아 있으나, 주희가 "초학자들이 이해하기에 타당하지 않은 책이다.[初學者未當理會.]"라고 말했듯이 난해한 책이다.

《중용》은 본래 상하 두 편으로 보는 서지학적인 문제가 있다. 십삼경주소본 《예기》 제31편에 수록된 〈중용〉은 주자의 《중용장구》 제19장까지를 권52에, 이하 내용을 권53에 나누어 상하 두 편으로 존재했던 흔적이 남아 일리가 있다.

주희가 33장으로 나눈 《중용》은 제1장을 수장首章으로 하여 상편에서는 주로 중용의 '중中'을 논하고 중용을 실천하는 과정을, 은미隱微에서 광대廣大로, 부부에서 천하국가로 나아가다가 제20장의 '애공문정哀公問政'에 이르러 치국평천하라는 정치 논리에 귀결된다. 이는 횡적 공간을 넓혀 사람 간의 문제를 주로 다룬 것이다. 제1장에서 도는 하늘에서 명령한 것으로, 각자의 본성에 하늘의 품성이 내재하고 있으며, '중中'과 '화和'는 정도가 있고 군자는 완벽한 상태를 유지하고자 노력하는 자라고 했다.

제2장부터 제11장까지는 공자의 말을 인용하면서 중용의 도道를 실천하는 행위원칙으로서의 '시중時中'과 도에 들어가는 '지智', '인仁', '용勇'의 삼달덕三達德을 말한다. 이는 오륜을 실천하는 방법으

로, 앎과 실천의 관계에 있다고 했다. 또 사람은 사사롭기 쉬워 그 '양단兩端'은 대중의 논의가 같지 않음이 궁극에 이른 것이므로, 중용은 선한 가운데에서 그 두 끝을 잡아서 재고 헤아림으로써 중심을 취하고 난 뒤에 쓰니, 곧 그 택한 것의 살핌이고 행한 것의 지극함이라 했다. 공자는 중용을 실천하는 예로 순임금과 안회를 들기도 하고, '강함'을 묻는 자로子路에게 진정 강한 것이 무엇이지 중용으로써 답하기도 한다.

제12장에서는 중용의 도의 첫 단계인 '부부지도夫婦之道'를, 제13장은 인간관계의 윤리로 대표되는 '충서忠恕'와 군자의 자세를, 제14장은 현재의 위치에 만족하고 모든 문제의 출발을 자신에게서 찾으려는 태도를, 제15장은 가장 낮은 곳에서 하나씩 실천할 것을 말하고 있다. 제16장부터는 도의 광대한 모습과 은미한 경지를 순임금과 문왕, 무왕의 효와 통치, 그리고 제례의 지극함으로 말하고, 제20장은 공자와 애공의 문답을 통해 정치의 아홉 가지 대법인 구경九經을 설명한다. 이 장의 끝부분에서는 천도를 '성誠'이라 하고, 성誠에 도달하기 위한 '성지誠之'의 과정으로 널리 배우고, 자세히 물으며, 신중하게 생각하고, 분명하게 변별하며, 독실하게 행한다면 성인의 경지에 도달한다고 말하고 있다.

반면 제21장에서 시작되는 하편에서는 '성誠'을 논할 때는 인도에서 천도로 방향이 바뀌고 있어서 정의를 내리기 어려운 '성誠'을 이해하기 위한 과정이 필요하다. 주희의 주에서 밝혔듯 "성이란 것은 진실하고 망령되지 않은 것이다.[誠者眞實無妄.]"라는 명제에서 출발해 아직 '진실무망'하지 않은 존재로서 천리天理 본연의 '진실무망'함에 도달하려는 노력을 단초로 볼 일이다. 제21장에서 천도와 인도를 겸하여 말하고, 제22장, 제24장, 제26장은 천도를, 제23장, 제25장, 제27장은 인도를 말해 세 차례씩 번갈아 천도와 인도를 말한다. 마지막 제33장은 제1장의 내용과 수미상관을 이루며 '성性, 도道, 교教'의 대미를 장식한다.

## 《중용》을 어떻게 읽을 것인가

《대학》과 《중용》을 비교하자면, 《중용》은 내적인 부분으로, 개인의 수양에 중점을 두고 있으며 사변적이고 철리적이다. 말하자면 《대학》은 평천하平天下에, 《중용》은 수신修身에 무게 중심을 두었다. 제20장의 '애공문정哀公問政'을 보면 이런 말이 나온다. "정치를 하는 것은 사람에게 달려 있다. 사람을 취하는 것은 자신의 몸으로써 하고, 몸을 수양하는 것은 도로 하며, 도를 수양하는 것은 인으로 한다.[爲政在人, 取人以身, 修身以道, 修道以仁.]" 노나라 군주 애공이 정치를 물었을 때 공자는 이처럼 명쾌하게 답변했다. 방책方策(목판과 죽간)에 기록되어 있는 문왕과 무왕 같은 성군의 정치력이 힘을 발휘한 것도 따지고 보면 현신賢臣에 달려 있으며, 만일 그 반대의 경우 정치는 멈출 수밖에 없다는 논지다.

이런 예문에서 보이듯《중용》은 가르치는 입장에서 학문을 통해 도달하는 경지를 설명한다. 이에 비해《대학》은 주로 국가 경영, 정치 선언 등 외적인 문제에 관한 내용이며, 배우는 사람의 입장에서 학문하는 것을 설명하고 있다.

선진先秦 유학은 하늘과 연관한 '도道'를 중심으로 다루는데 공자와 맹자가 이에 해당한다. 반면 신유학은 '성性'을 중심으로 다룬다. 주희의《중용장구》도입부에서 말하는 '중용'을 살펴보면 다음과 같다.

> 중이라는 것은 치우치지 않고, 의지하지 않고, 지나치거나 미치지 않는 것이 없음의 이름이다. 용이라는 것은 공평하고 떳떳함이다. 정자 선생이 말했다. "치우치지 않는 것을 일컬어 중이라 하고 변하지 않는 것을 일컬어 용이라 하니, 중이라는 것은 천하의 바른 도요, 용이라는 것은 천하의 정해진 이치다." 이 책은 곧 공자의 문하에서 전수한 심법心法으로, 자사는 오래되어 차질이 있을까 두려워했다. 그러므로 책에 이것을 집필하여 맹자에게 준 것이다. 이 책은 처음에는 한 이치를 말하고, 중간에 가서는 흩어져 만사가 되었고, 끝에 가서는 다시 합하여 하나의 이치가 되어, "이것을 놓아두면 육합六合(천지 사방)에 가득 차고, 거두면 정밀한 것에 감춰져 있다."라고 하니, 그 맛이 무궁하여 모두 진실한 학문이다. 잘 읽는 자가 깊은 뜻을 생각하여 찾

아내어 얻음이 있으면 평생토록 이것을 써도 다할 수 없는 것이다.[5)]

절제와 성실의 미덕을 최고의 가치로 보는《중용》의 사유는 전통적으로 동양적 사유의 기본 틀이라고 해도 과언이 아니며, 동서양 문화의 주요한 차이점이기도 하다.《중용》은 동양적 정서에서는 군자의 자질을 보여주는 절제미의 정수로 꼽지만, 발전적인 역사관과 적극적인 개척정신, 과학기술을 통한 자연의 극복 등 환경을 개조하는 21세기의 서구화된 시각에서 보자면 과연 그런 미덕이 얼마나 가치가 있는지에 대한 반문이나 반론의 여지도 있다.

이러한 점은 갑골문을 보더라도 그 의미를 확연히 알 수 있다. 즉, 바람에 나부끼는 깃발이 깃대를 중심축으로 삼고 있는 '중中'은 좌도 아니고 우도 아닌 중간의 의미를 지닌 동시에 백중伯仲의 의미도 있다. 씨족 사회에서 깃발이 꽂힌 곳이 중앙이고, 그 중앙을 표지로 삼아 사방에서 모여드는 것이니, 사방과 주변의 그 어디에서 보더라도 치우침이 없다는 의미로 볼 수 있다.



우리는 공자가 강조하는 '과유불급過猶不及'의 개념에서 중용의

5) "中者, 不偏不倚, 無過不及之名. 庸, 平常也. 子程子曰: "不偏之謂中, 不易之謂庸. 中者, 天下之正道, 庸者, 天下之定理." 此篇 乃孔門傳授心法, 子思恐其久而差也. 故筆之於書, 以授孟子. 其書始言一理, 中散爲萬事, 末復合爲一理, "放之則彌六合, 卷之則退藏於密", 其味無窮, 皆實學也. 善讀者玩索而有得焉, 則終身用之, 有不能盡者矣."

의미를 알아차릴 수 있다. '중'과 '용' 모두 지나침과 모자람의 대응 관계에서 나온 개념이라는 점을 염두에 두어야 한다. 공자가 말한 대로 옛 성인의 도를 행하려는 뜻만 높은 '광자狂者'와 자신을 지키기에만 급급하고 남을 교화하지 못하는 '견자狷者'라는 개념과도 상대되는 것이 바로 '중'의 개념이다.

오늘날의 잣대로 인간의 덕성을 완성하는 '중용'이라는 말을 자칫 이것도 아니고 저것도 아닌 중간이라는 식의 편향된 시각을 의미할 소지도 있다. 하지만 그것은 '중용'의 내포와 외연을 전혀 터득하지 못한 데서 오는 것이다. '중용'의 방법과 효과가 무엇인지 아는 사람은 감정의 절제, 즉 '하고자 하는 바[所欲]'와 '하는 바[所爲]'에서 벗어나야 한다. 역설적으로 들리겠지만, 자기 표출과 감정의 절제를 잘 하지 못하는 요즘 '중용'이라는 말의 의미는 매우 신선하다. 오히려 좀 답답해 보일지라도 묵묵히 내면을 곱씹으며 자신의 힘을 키우는 것이 길고 긴 인생의 호흡을 음미하며 살아갈 수 있는 길일 수도 있기에 말이다.

우리 사회에 엄존하는 편협성과 편집성을 지양하고 균형 잡힌 인간관계와 질서 있는 세계를 구축하기 위해서는 '중용'을 형식적으로 받아들일 것이 아니라 현실에 따른 시의성時宜性, 즉 '시중時中'의 의미를 끊임없이 염두에 두어야 한다. 묵자의 겸애설처럼 모두를 사랑하면서 오직 천하를 위해 이로운 일만 한다는 개념도, 양주의 위아설爲我說처럼 오직 자신만 위하고 천하를 위해서는 머리카락 하나도 버리지 못하는 극단적 개인주의도 지양해야 하지 않은가?

어찌 보면 우리 인간 모두에게는 이기적 유전자가 흐르는 듯하다. 하지만 자기 생각이 옳다고 고집하고 집착하면서도 공자의 말처럼 '무아毋我'와 '무고毋固'의 정신으로 귀착하는 것이 중용의 세계관이다.

오늘날에도 세계는 강대국의 갈등이 여전해서 서로를 배척하고 응징하는 상황의 연속이며, 우리 사회 역시 보수와 진보의 이념 논쟁이 여전해서 거의 모든 계층이 분열로 치닫고 있다. 이런 현실 속에서 중용의 원칙, 즉 균형과 조화의 삶을 살아가기 위해서는 이 책을 읽어야 하는 것이다.

# 제1장

## 공자가 전해준 요체를 자사가 서술하다

【해설】

《중용中庸》 제1장은 《중용》의 첫머리로, 유가 철학의 핵심 사상을 한 마디로 압축해놓은 명문이다. 사람은 본성은 알면서 그 본성이 하늘에서 나온 것인 줄 모르고, 성인의 교훈은 알면서 그 교훈이 자신에 의해 재단된 것임을 모른다. 그러기에 '성性', '도道', '교敎'가 연결된 인과관계를 이해하는 것이 바로 제1장의 의미다. "성性"은 곧 '본성本性'을 뜻하는데, 성性, 도道, 교敎 중 '성性'이 가장 상위개념이다. 사람과 사물이 생겨날 때 각자 하늘에서 품부한 이치를 얻어서 오상五常의 덕(다섯 가지의 떳떳한 덕)을 따르는 것을 '성性'이라고 한다. 그리고 사람과 사물이 각자 본성에 따라 마땅히 행해야 하는 길이 '도道'라는 것이다. 도는 본성의 덕으로, 마음에서 갖추어져 있어서 사물마다 가지고 있고 때마다 마땅하니, 떨어질 수 있다면 진짜 도가 아니라 가짜 도다. 본성이 마음에 항상 갖추어져 있는데, 이것이 내 마음에서 떠나 있다면 본성을 따른다고 할 수 없다. 덧붙이자면 주희는 "희로애락은 정이고, 피어나지 않은 것은 곧 성이니, 치우치고 치우친 바가 없으므로 그것을 일컬어 '중中'이라 한다. [喜怒哀樂, 情也, 其未發, 則性也, 無所偏倚, 故謂之中.]"라고 했다. 여기서 '정'은 희로애락의 표출을 의미하고, '성'은 내면에 피어나지 않은 본성을 가리킨다. 그래서 '중'은 희로애락이 바깥으로 피어나지 않은 상태, 즉 '감정의 절제'를 말한다.

하늘로부터 부여받은 본성을 알아차리고 늘 성찰하며, 희로애락을 드러낼 때 절도와 중화를 극진하게 지속함으로써 천도와 합치할 것을 말하고 있다. 특히 "치중화致中和, 천지위언天地位焉, 만물육언萬物育焉"이라는 구절을 보면 '중화'에 이르러야 천지가 질서를 잡고 만물이 번성하는 것으로 설명하고 있다. 이는 인간이 천지의 조화를 도울 수 있는 능력과 책임이 있다고 본 것이다.

## 성, 도, 교 1.1

하늘이 명령한 것[1]을 일컬어 '성性'[2]이라 하고, 본성을 따르는 것을 일컬어 '도道'라 하며, 도를 닦는 것을 일컬어 '교敎'[3]라고 한다.[4]

天命之謂性, 率性之謂道, 修道之謂教.

## 잠시도 떠날 수 없는 것 1.2

도[5]는 잠시라도 떠날 수 없으니, 떠날 수 있으면 도가 아니다. 이 때문에 군자는 그 보이지 않는 곳에서도 경계하고[6] 삼가며, 그 들리지 않는 곳에서 두려워하고 두려워하는 것이다.

道也者, 不可須臾離也, 可離, 非道也. 是故, 君子戒愼乎其所不睹, 恐

---

1) 원문의 "천명天命"을 번역한 것으로, 사물에 드러나는 자연스러운 이치 또는 하늘이 부여한 사명으로 보아도 무방하다. 정현은 이에 대해 "천명은 하늘이 명한 바로 사람을 낳은 것이니, 이것을 일컬어 성명性命이라고 한다.[天命, 謂天所命生人者也, 是謂性命.]"라고 했다. "명命"은 '령令'과 같다.(주희 설)

2) 주희는 '성性'을 '리理'라고 풀이했는데, 이에 대한 이론이 많다. 주희는 뒤에 오는 '솔率'도 '순循'으로 풀이했다.

3) 원문의 "교敎"는 예악禮樂과 형정刑政 등을 말한다. 주희는 마음[心]에 있는 것을 성性이라 하며, 일[事]에 있는 것을 리理라고 했다.[在心喚做性, 在事喚做理.] 이러한 성을 따르는 것을 '도道'라고 하며, '수도修道'는 곧 '교敎'가 된다.

4) "성性", "도道", "교敎" 3대 명제는 성인이 나타남으로써 비로소 인문세계의 실체로 등장한다.

5) "도道라는 것은 하늘의 이치가 마땅히 그러함이니, 중심일 뿐이다.[道者, 天理之當然, 中而已矣.]"(주희 설) 그래서 '도道'는 '중용지도中庸之道'를 의미한다.

懼乎其所不聞.

## 홀로 있음을 삼가라 1.3

숨어 있는 것보다 드러나는 것은 없으며, 세밀한 것[7]보다 드러나는 것이 없으니, 그러므로 군자는 그 홀로 있음을 삼가는[8] 것이다.

莫見乎隱, 莫顯乎微, 故君子愼其獨也.

---

6) 원문의 "계戒"를 번역한 것으로, '경계하다, 삼가다'라는 뜻이다. 공자의 말씀에 "군자에게는 세 가지 경계해야 하는 것이 있다. 젊어서는 혈기가 안정되지 않았으므로 여색에 빠지는 것을 경계해야 하고, 장년이 되어서는 혈기가 막 왕성해지므로 싸움에 휘말리는 것을 경계해야 하며, 늙어서는 혈기가 이미 사그라졌으므로 탐욕에 빠지는 것을 경계해야 한다.[子曰, 君子有三戒. 少之時, 血氣未定, 戒之在色. 及其壯也, 血氣方剛, 戒之在鬪. 及其老也, 血氣旣衰, 戒之在得.]"(《논어》〈계씨季氏〉 16.7편)라는 내용이 있으니 주목할 만하다.

7) 원문의 "미微"를 번역한 것으로, 주희는 "세밀한 일이다.[微, 細事也.]"라고 풀이했다. '세사細事'는 세세한 일로, 추호지말秋毫之末처럼 아주 엷지만 자세히 보면 보이는 정도이며, 이것이 큰일이 된다는 뜻이다. '미微'는 '아니다, 없다'라는 뜻이지만, 아예 없는 것이 아니라 겉으로는 보이지 않으나 속에는 기미가 이미 있어서 아주 미세한 것일지라도 시작되는 것이다. 남들은 알지 못할 것이라고 여겨 행할지라도 적어도 스스로는 알고 있으니 이 또한 두려운 바다. 남들이 알지 못하는 미세한 마음은《맹자》에 쓰인 사단四端의 수오지심羞惡之心과 같은 것으로, 자신의 잘못을 부끄러워하고 타인의 잘못을 미워하는 마음이다.

8) 원문의 "신독愼獨"을 번역한 것으로, "독獨"은 "다른 사람이 알지 못하는 바지만, 자기는 홀로 아는 바의 곳이다.[人所不知而己所獨知之地也.]"(주희 설)라는 뜻이다. 은미한 가운데에서 몰래 자라나고, 어둠 속에서 자라나서 도를 떠나면 데에 이르게 하는데, 그러지 못하도록 노력하는 것이 '신독'이다. 한편《대학》의 전傳6장인 '성의장'에서 "군자는 반드시 홀로 있음을 삼가는 것[君子必愼其獨]"이라고 말한 대목과 함께 읽으면 좋다.

## 중과 화 1.4

기쁨·노여움·슬픔·즐거움이 아직 드러나지 않는 것[9]을 일컬어 '중中'이라 하고, 드러나더라도 모두 절도에 들어맞는 것을 일컬어 '화和'[10]라고 한다. '중'이란 천하의 큰 본질[11]이고, '화'란 천하에 통하는 도이다.

喜怒哀樂之未發, 謂之中, 發而皆中節, 謂之和, 中也者, 天下之大本也, 和也者, 天下之達道也.

## 천지 만물이 중과 화에 달려 있다 1.5

'중'과 '화'를 끝까지 파고들면 하늘과 땅이 자리를 잡으며,[12] 만

9) 원문의 "희로애락지미발喜怒哀樂之未發"을 번역한 것이다. 이에 대해 공영달은 "희로애락의 감정은 [외부의] 사물로 인해 생겨나니 [희로애락이] 드러나지 않을 때는 담담하면서 고요하고 마음에 생각하는 바가 없어서 이치에 마땅함이다.[喜怒哀樂緣事而生, 未發之時, 澹然虛靜, 心無所慮而當於理.]"라고 했는데, 정약용은 "희로애락이 아직 드러나지 않은 것이지, 심지사려가 아직 드러나지 않은 게 아니다.[喜怒哀樂之未發, 非心知思慮之未發.]"라고 하여 미발未發의 구분을 두었고, 군자의 심성心性을 수양하는 신독愼獨과 관련지어 풀이했다.

10) "화和"는 희로애락이라는 감정이 피어났지만, 모두 절도에 들어맞는 것이다. '화和'는 '용庸'과 같으니, 중용中庸은 중화中和와 같다.

11) 원문의 "대본大本"을 번역한 것으로, 주희는 "하늘이 명령한 성품이어서 천하의 이치가 모두 이로 말미암아 나오니, 도의 본체이다.[天命之性, 天下之理, 皆由此出, 道之體也.]"라고 풀이했다.

12) 원문의 "위位"를 번역한 것으로, 정현은 '바르다[正]'라고 풀이했고, 주희는 '그 자리를 편안히 하는 것[安其所也]'이라고 했으니, 역자는 주희의 견해에 따라 '자리를 잡다'라고 번역했다.

물이 자라게 된다.[13)]

致中和, 天地位焉, 萬物育焉.



13) 원문의 "만물육언萬物育焉"을 번역한 것이다. 하늘과 땅에서 편안하게 자리를 잡게 해야 하고, 하늘과 땅에 자리를 잡아도 화육化育(생장)되지 못하면 중간에 소멸하게 될 것이니, 그 삶을 다하게 하여 만물이 화육되어야 한다.

제2장

# 군자는 중용, 소인은 반중용

【해설】

제1장이 해설의 성격을 띠고 있다면, 제2장부터 제11장까지는 한 묶음으로 공자의 말씀을 인용한 것이다. 그 말이 간략하고 질박하여《논어》의 축소판처럼 보인다. 장조이蔣祖怡는《중용》이 자사의 단독 저술이 아니라면서 제2장부터 제11장까지 지어진 시기가 이르다고 분석했다.

이 장의 주제는 군자의 중용이다. 그 중용의 도를 실천하는 '시중時中'을 말하고, 소인과 대비해 도가 행해지지 않는 이유를 하늘의 품성을 본받았다는 사실을 알아차리지 못하는 데서 찾고 있다. 이는 중용을 하기 위한 지智, 인仁, 용勇의 삼달덕三達德 중에 '지智'를 말하는 대목이기도 하다. 중용이란 '공평하고 떳떳함'이란 뜻의 '평상平常'의 개념인데, 어느 한쪽에 치우치거나 모자라지 않고, 다소 어리석은 것 같으나 일정하여 변함이 없는 경지를 가리킨다. 군자만이 중용할 수 있고, 소인은 이를 실현하기에는 역부족이라는 것이다.

"군자가 중용을 하는 까닭은 그에게 군자의 덕이 있으며, 또한 능히 때에 맞추어 중심에 처할 수 있다는 것이다. 소인이 중용을 거꾸로 하는 까닭은 그에게 소인의 마음이 있으며, 또한 거리끼고 거리끼는 바가 없기 때문이다."라는 왕숙의 설이 이 장의 의미를 이해하는 데 참조할 만하다. 처세와 처신은 어렵다.

## 군자와 소인의 차이 2.1

선생님[1]께서 말씀하시기를 "군자는 중용을 하고, 소인은 중용에 반(反)하는 [중용을] 한다.[2]

仲尼曰: "君子, 中庸, 小人, 反中庸.

## 군자와 소인의 중용 2.2

군자의 중용은 군자다우면서 때에 들어맞게 하고, 소인의 반중용[3]은 소인이면서 거리낌이 없는 것이다."라고 했다.

君子之中庸也, 君子而時中, 小人之反中庸也, 小人而無忌憚也."



---

1) 원문의 "중니仲尼"를 번역한 것으로, 송시열은 "다른 장에서 말한 '자왈子曰'이란 것이 모두 중니임을 나타냈다."라고 했고, 주희는 "만약 공자라고 말하면 외면하는 말이고, 만약 부자라고 말하면 당시의 중인이 서로 부르는 통칭이다."라고 했으며, 박문호朴文鎬는 이 두 설을 인용하며 "살펴보건대 중니는 친근히 하는 말이고, 자子는 높이는 말이다."라고 정리했다.(성백효, 《현토신역 부안설 중용집주》, 한국인문고전연구소, 2016, 76쪽 참조.)

2) 원문의 "반중용反中庸"을 번역한 것으로, 왕숙王肅의 판본에 '소인지반중용야小人之反中庸也'라고 기록되어 있고, 정이천도 이것이 옳다고 하여 주희가 따랐다. 정현은 "반중용"을 "행하는 바가 중용이 아닌데도 스스로 중용으로 여기는 것이다.[所行非中庸, 然亦自以爲中庸也.]"라 했고, 정약용은 "소인은 마음을 두는 것이 혹 편벽되거나 치우쳐서, 일을 행할 때도 지나치거나 미치지 못하여 그 덕을 잡는 것이 떳떳함이 없으니 이것을 일컬어 '반중용'이라 한다."고 했다.

3) 원문의 "소인지반중용야小人之反中庸也"는 '소인지중용야小人之中庸也'와 더불어 해석의 논란이 있다. 역자는 왕숙본과 주희 설을 따라 '반反'을 넣어 해석했다. 이는 앞 절의 '군자君子, 중용中庸, 소인小人, 반중용反中庸'에 근거했다. 그러나 '반反'을 빼고 해석해도 무방하다.

제3장

# 중용을 지속하기가 쉽지 않다

【해설】

제2장에서는 군자와 소인으로 나눠 중용을 지키는 자와 그렇지 못한 자를 설명했고, 제3장에서는 중용의 지극한 덕을 실천하고 그것을 지속하기가 드물다는 것을 탄식하고 있다. 그만큼 중용은 실천하기 어렵고 실천하더라도 지속하기 어렵다는 것이다. 즉, 매사에 중용을 행하려 해도 자칫 지나치면 중심을 잃고, 미치지 않으면 지극하지 못한 것이 되기 쉽다. 그러므로 오직 중용의 덕만이 지극함이 된다는 것이다. 중용에 대한 세상의 가르침이 쇠해져서 자꾸 지나침에 가까워지니 백성이 중용을 행하지 않게 되어서 능히 실천하거나 지속하는 이가 드문 것이다.

이 장은 열세 자에 불과하지만, 상당히 중요한 의미가 있다. 김충열은 "공자가 그 시대의 인간 정서와 행위가 심하게 타락하는 것을 걱정하면서 문제의 원인을 '중용을 행하지 않은 데'서 찾아 '중용'이라는 개념을 처음으로 제기했기 때문이다."라고 했는데 상당히 타당한 의견이다. 이 내용은 《논어》〈옹야雍冶〉 6.27편에 나온 말이다. 《논어》에는 '능能'이라는 글자가 없고, 《중용》에는 '지위덕야之爲德也'라는 네 글자가 빠져 있다. 물론 '능' 자가 있어야 의미가 쉽게 파악된다.

공자께서 말씀하셨다. "중용[1]은 아마도 지극함일진저! 백성 중에 능한 자가 드문 지 오래되었구나.[2]"

子曰: "中庸, 其至矣乎! 民鮮能久矣!"



1) 원래 "중용中庸"의 "용庸"으로 정약용은 "'용庸'이라는 글자는 원래 떳떳함이 있다는 뜻이므로 군자가 덕에 나아가고 업을 닦음에 능히 오래 함을 귀함으로 삼는다.[庸之爲字, 原是有常之意, 故君子進德修業, 以能久爲貴.]"라고 풀이했다.

2) 원문의 "능구能久"를 번역한 것으로, 사람이 함께 얻는 바가 있어서 처음에는 어려운 일이 없으나, 세상의 가르침이 쇠약하여 백성이 일어나 행하지 않게 되었다. 그러므로 능한 자가 드문 지가 오래되었다. 〈중용장구서〉에 "《중용》은 어찌하여 지어진 것인가? 자사자子思子가 도학이 그 전함을 잃어버릴까 우려하여 지으신 것이다.[中庸何爲而作也, 子思子憂道學之失其傳而作也.]"라고 한 말을 보더라도 도가 쇠퇴한 것에 대한 한탄을 느낄 수 있다.

제4장

# 도가 행해지지 못하는 이유

【해설】

중용의 도가 행해지지 않고 밝아지지 않는 이유를 '과유불급過猶不及'에서 찾고 있다. '중中'을 벗어난 행위는 지나치거나 모자란 상태를 말하는 것으로, 아직 마음속에 '도'가 중심을 잡지 않은 것을 말한다. 지혜롭다고 스스로 과대평가하는 것을 경계하면서 품성에 따라 도를 행하는 것이 중요하다. 물론 어리석은 사람은 아는 것도 행하는 것도 미치지 못한다. 제1절에서 공자의 말씀을 인용하면서 중용의 도가 행해지지 못한 것을 한탄했고, 그 이유를 주희의 풀이대로 "아는 자는 아는 것이 지나쳐서 이미 도를 행할 수 없다고 생각하고, 어리석은 자는 아는 것이 모자라 행해야 하는 까닭을 알지 못하니, 이것이 도가 항상 행해지지 않는 까닭이다. 현명한 척하는 자는 행동이 지나쳐 이미 도를 알 수 없다고 생각하고, 어리석은 자는 행하는 데에 미치지 못하고, 또 앎을 구하지 못하니, 이것이 도가 항상 밝혀지지 않는 까닭이다.[知者知之過, 旣以道爲不足行, 愚者不及知, 又不知所以行, 此道之所以常不行也. 賢者行之過, 旣以道爲不足知, 不肖者不及行, 又不求所以知, 此道之所以常不明也.]"라고 한 것에 주목해서 읽어야 한다.

## 도가 행해지지 않는 이유 **4.1**

공자께서 말씀하셨다.

"도가 행해지지 않는 것을 나는 알고 있다. 아는 체하는 자[1]는 지나치고, 어리석은 자는 미치지 못한다. 도가 밝아지지 않는 것을 나는 알고 있으니, 현명한 척하는 자는 지나치고, 모자란 자[2]는 미치지 못한다.

子曰: "道之不行也, 我知之矣, 知者, 過之, 愚者, 不及也. 道之不明也, 我知之矣, 賢者, 過之, 不肖者, 不及也.[3]



1) 원문의 "지자知者"를 번역한 것으로, "지知"는 '지智'와 같으나, 사실상 지혜롭지 않다는 뜻이다. 지혜로운 자 또는 알고 있는 자의 의미가 아니라 진정으로 알지 못하는 자, 말하자면 아는 체하는 어설픈 지식을 갖춘 자를 가리킨다. 따라서 이 개념은 긍정적으로 쓰인 것이라고 볼 수 없다.

2) 원문의 "불초자不肖者"를 번역한 것으로, "초肖"는 '아버지 닮을 초'이며, 불초자란 아버지를 닮지 않은 자, 즉 어리석은 자, 현명하지 못한 자, 어질지 못한 자 등을 뜻한다.

3) 원문의 의미에 대해 "지知·우愚·현賢·불초不肖의 지나침과 미치지 못함은 곧 타고난 품성의 차이로, 그 중심을 잃는 것이다.[知愚賢不肖之過不及, 則生稟之異而失其中也.]"(주희 설)라는 풀이를 참조할 만하다.

## 맛을 제대로 아는 자가 있는가 4.2

사람 중에서 마시고 먹지 않음이 없으나, 능히 맛을 아는 사람은 드물다."[4]라고 했다.

人莫不飮食也, 鮮能知味也."



4) "도는 가히 떠날 수 없는데 사람들은 스스로 살피지 않는다. 이 때문에 지나치거나 미치지 못하는 병폐가 있는 것이다.[道不可離, 人自不察, 是以, 有過不及之弊.]"(주희 설) 사람들은 일상생활을 하면서도 그 진리를 아는 이가 드문 것을 말한 것이다.

제5장

# 공자의 한탄

【해설】

제4장과 같은 편으로 보일 정도로 연계성이 있는 이 장은 중용의 도를 마음속에서 알아차려 간직하는 것과 지나치거나 미치지 않는 것은 어려우므로 공자의 말씀을 인용하여 도가 밝혀지지 않기에 중용의 도가 행해지지 않음을 한탄하여 말하고 있다. 이는 자사子思가 도학이 그 전함을 잃어버릴까 우려한 것과 같은 맥락으로 중용의 도가 행해지기를 바라는 공자의 간절함이 배어 있다.

공자께서 말씀하셨다. "도가 아마도 행해지지 않을 것일진저!"[1)]

子曰: "道其不行矣夫!"



1) 현명한 군주가 없어 가르쳐줄 수 없는 상황을 안타까워한 것이라는 정현의 해설이 타당하다. 정현의 해설에 공영달도 동조했다. 주희는 이 장을 앞의 제4장에 이어 다음 장의 뜻을 일으킨 것으로 보았으며, 정약용도 같은 생각이었다.

제6장

# 순임금은 왜 지혜로울까

【해설】

이 장은 다른 사람의 지혜를 적절하게 취해 그것들을 활용하는 순임금의 지혜를 말한다. 순임금은 자기의 의견을 독단적으로 백성에게 강요하기보다는 백성과 함께 중심 지점을 찾아서 합리적인 방향을 취하고, 백성에게 전파했다. 순임금은 다른 사람에게 묻기를 좋아하고[好問] 남의 말을 살피기를 좋아하며, 사소한 말도 함부로 버리지 않았다. 《논어》〈향당鄕黨〉 10.13편에서 "[공자가] 태묘에 들어가서 모든 일을 물었다[入太廟每事問]."라고 한 데서도 "호문好問"의 맥락과 통한다.

본문에서 '양단兩端'은 지나친 것과 미치지 못한 것이라는 의미로, 대중의 논의가 같지 않은 궁극의 이름이다. 선한 가운데에서 두 끝을 잡아서 재고 헤아림으로써 중심을 취한 이후에 써야 한다. 사람은 객관적이지 않고 사사로운 감정이 앞서기 때문에 양단을 재고 헤아려서 중심을 잡아야 한다는 것이다. 순임금이 이것을 잘했으므로 그의 훌륭한 역량을 공자 또한 감탄한 것이다.

공자께서 말씀하셨다.

"순임금은 아마도 대단히 지혜로울 것일진저.[1] 순임금은 묻기를 좋아하시고, 평범한 말[2]을 살피기를 좋아하시며, 악한 것을 숨기고 선한 것을 들어 올리며, 그 양쪽 끝을 잡아서 그 중심을 백성에게 사용하시니, 아마도 이러한 것들이 순임금다운 것으로 생각되는구나."

子曰: "舜其大知也與! 舜好問而好察邇言, 隱惡而揚善, 執其兩端, 用其中於民, 其斯以爲舜乎!"



1) 순임금은 '중용'을 천하를 통치하는 원리와 준칙으로 활용했다. 순임금의 '중용'은《맹자》〈등문공滕文公 상上〉에서 "천하 만물이 가지런하지 않은 것은 만물의 성정이다.[物之不齊, 物之情也.]"라고 한 것과 통한다.

2) 원문의 "이언邇言"을 번역한 것으로, 주희는 "쉽고 가까운 말로써 반드시 살피는 것과 같으니, 그가 선을 버리지 않은 것을 알 수 있다.[淺近之言, 猶必察焉, 其無遺善, 可知.]"라고 풀이했다.

# 제7장

# 공자의 겸손한 자기 평가

【해설】

도가 밝아지지 않는 단서를 말하는 장으로, 순임금의 '중용'을 설명했던 앞 장에 이어 공자 자신을 예로 들며 중용을 지켜가기 어려움을 이야기하고 있다. 공자의 진솔한 자기 평가는 다음 장인 8장으로 이어진다.

덧붙여 주희는 이 장이 앞의 '대지大知'를 잇고 다음 장을 열었다고 했는데, 김충열은 "지자과지知者過之, 현자과지賢者過之"를 구체적으로 설명한 문장으로 보아 제4장의 뒤에 오는 게 맞다고 보았다.

공자께서 말씀하셨다.

"사람들은 모두 자신은[1] 지혜롭다고 말하지만, 달리게 하여 그물이나 덫이나 함정[2] 속에 들어가게 해도 아무것도 피할 줄을 알지 못한다. 사람들은 모두 자신은 지혜롭다고 말하지만, 중용을 택하여[3] 능히 한 달[4]도 지킬 수 없다."

子曰: "人皆曰予知, 驅而納諸罟擭陷阱之中, 而莫之知辟也. 人皆曰予知, 擇乎中庸而不能期月守也."

1) 원문의 "여予"를 번역한 것으로, 이 대상을 공자 자신으로 보기도 하고 다른 사람들이 자신을 지칭하는 말로 보기도 하는데, 역자는 공자 자신을 포함한 대부분의 사람으로 해석했다. 그리하여 공자 자신도 중용을 실천하는 일이 어렵다는 것을 토로하면서 자신 역시 대부분의 사람에 포함하여 순임금이나 안회의 경우와 대비되는 모습을 보여주고 있다. 이는 물론 중용의 선택과 실천이 그만큼 어렵고 중요하다는 것을 겸손하게 표현한 것이다.

2) 원문의 "고확함정罟擭陷阱"을 번역한 것이다. "고罟"는 그물이고 "확擭"은 덫이며 "함정陷阱"은 구덩이로, 날짐승과 길짐승을 유인하여 빠져나가지 못하게 만드는 것을 의미한다.

3) 원문의 "택호중용擇乎中庸"을 번역한 것으로, 모든 이치를 변별함으로써 중용을 구하는 것이다. 옥석혼효玉石混淆(옥과 돌이 섞여 있는 것)를 가리는 것처럼 시비是非와 선악善惡을 가려야 함을 말한다. 곧 여러 이치를 변별하여 중용을 찾음이니, 바로 앞 장에서 순임금이 묻기를 좋아하여 중용을 이룬 것을 말한다.

4) 원문의 "기월期月"을 번역한 것으로, '만 한 달'을 뜻한다. 그물 속으로 들어가는 것을 뻔히 알면서도 못 피하고, 중용을 택할 줄은 알지만 한 달도 못 지키는 것에 대해 사람들이 비아냥거리는 것이다. 스스로 객관적이고 편파적이지 않게 중심을 잡고서 초심을 끝까지 유지하여 유종의 미를 거두기는 쉽지 않음을 의미한다.

제8장

# 중용을 지킨 안회

【해설】

이 장은 중용을 실천하는 방법인 지知·인仁·용勇 중에서 중용을 오랫동안 지켜나가는 '인仁'의 덕목에 대해 안회를 예로 들어 설명하고 있다. 안회의 중용을 순임금의 중용적 정치와 비교하면 '수기공부修己工夫'에 해당한다. 안회의 중용은 다소 소극적이고 답답해 보이기도 하지만, 인간으로서의 기본기를 다지는 인물로는 최고의 본보기이며, 수신을 시작으로 제왕에 도달하기까지 은미하게 구축되는 중용의 핵심이 된다. 한편 사마천은 안회에 대해 "노나라 사람으로 자는 자연子淵이며, 공자보다 30세가 적었다."라고 하며 《사기》〈중니제자열전〉의 첫머리에 두었다. 안회는 29세에 머리가 하얗게 세더니 공자보다 일찍 죽었다.

공자께서 말씀하셨다.

"회[1]의 사람됨은 중용에서 택하여 하나의 선을 얻으면 정성스러운 모양으로 가슴속에 잘 담아두어[2] 그것을 잃지 않았다."

子曰: "回之爲人也, 擇乎中庸, 得一善, 則拳拳服膺而弗失之矣."



1) "회回"는 공자의 제자인 안연의 이름으로, 안회顏回라고도 한다. 안회는 중용을 택하여 지키는 데까지 이르렀다. 그러한 안회의 성품을 공자가 찬미한 것이다.

2) 원문의 "권권복응拳拳服膺"을 번역한 것이다. "권拳"은 '정성스럽다'는 뜻으로, '권권拳拳'은 받들어 잡는 모양이다[奉持之貌]. '복服'은 '두다, 새기다, 담아두다'라는 뜻으로, '착著' 자와 같다. '응膺'은 '가슴[胸]'이니 잘 받들어 잡아서 마음에 붙여둠이니, 능히 지킴을 말한다. '복응服膺'은 율곡 이이가 쓴《격몽요결擊蒙要訣》〈지신장持身章〉에서도 "선왕의 법도에 맞는 의복이 아니면 함부로 입지 않으며, 선왕의 법도에 맞는 말이 아니면 함부로 말해서는 안 되고, 선왕의 덕행이 아니면 함부로 행동할 수 없으니, 이러한 것은 죽을 때까지 가슴속 깊이 새겨두어야 할 것이다."라고 언급되었다.

제9장

# 중용은 아주 어렵다

【해설】

이 장에서도 지·인·용에 관해 이야기하고 있다. 중용이란 의義를 정밀하게 하고 인仁을 익힌 뒤에 인욕人欲의 사사로움이 한 터럭이라도 없어야만 미칠 수 있는 것이라고 했다. 그러므로 중용이란 쉬우면서도 어려운 것이니, 백성 가운데 능히 할 수 있는 이가 드물다. 알기 때문에 천하와 국가를 고르게 다스릴 수 있는 것이며, 인하기 때문에 작위와 봉록을 사양할 수 있는 것이며, 용기가 있기 때문에 흰 칼날을 밟을 수 있는 것이다. 이 세 가지는 어렵기는 하지만 자질과 노력으로 가능한 일이다. 이에 반해 중용은 더 어렵다는 뜻으로, 중용에 능한 자가 드문 이유이다. 이 장은《예기》〈유행儒行〉의 "선비는 친할 수는 있으나 겁박할 수는 없고, 가까이할 수는 있어도 다그칠 수는 없으며, 죽일 수는 있지만 모욕할 수는 없다.[儒有可親而不可劫也, 可近而不可迫也, 可殺而不可辱也.]"는 구절과《맹자》〈등문공滕文公 하下〉의 "위협과 무력에도 굴복하지 않는다.[威武不能屈.]"라는 구절을 함께 읽어보기를 권한다.

공자께서 말씀하셨다.

"천하와 국가를 고르게[1] 다스릴 수 있으며, 작위와 봉록을 사양할 수 있으며, 흰 칼날을 밟을 수 있으나 중용은 할 수 없다."

子曰: "天下國家, 可均也, 爵祿, 可辭也, 白刃, 可蹈也, 中庸, 不可能也."



1) 원문의 "균均"을 번역한 것으로, 균치均治, 평치平治를 의미한다. 이에 맞춰 '천하국가天下國家'는 주격으로 해석하고, 가균可均은 피동으로 해석하여, '가히 고르게 할 수 있다, 다스려질 수 있다'라고 해석해야 하나, 원래의 문장에 따라 '천하국가'가 '가균可均' 뒤로 도치가 된 것이므로 '천하와 국가를 가히 고르게 할 수 있다'라고 해석했다.

# 제10장

# 진정한 강함은 무엇인가

【해설】

이 장은 지·인·용 삼달덕 중에 용勇을 말하고 있는데, 자로의 질문에 공자가 대답하는 형식을 취하고 있다. 중용을 지키는 강한 모습으로 '화이불류和而不流, 중립이불의中立而不倚, 지사불변至死不變'을 말하고 있다.

첫 문장부터 등장하는 것이 남방과 북방의 강함의 차이인데, 장강長江을 기준으로 북방과 남방으로 나뉜다. 제齊나라가 위치한 북방은 황하가 종종 범람해 걱정이 많았다. 그래서 강했고, 문학적으로는《시경》이 발달했다. 초楚나라가 위치한 남방은 고민거리가 적었던 만큼 도道와 무위자연無爲自然이 성행했다. 그래서 부드러움이 강했고, 문학적으로는 초사楚辭가 발달했다. 김충열의 말처럼, "'강强'이라는 명제를 중용의 기준에 맞춰 정리해보면, 남방과 북방의 강함은 공간상 치우친 강함이니, 화합하나 휩쓸리지 않고 중립하면서 기대지 않는 중용의 강함으로 교정 또는 승화시킨다."고 해석할 수도 있겠다.

## 강함이란 10.1

자로가 강함에 대해 여쭙자,[1)]

子路問強,

## 남방의 강함인가, 북방의 강함인가 10.2

공자께서 말씀하셨다. "남방의 강함인가? 북방의 강함인가? 아니면 너의 강함인가?[2)]

子曰: "南方之強與? 北方之強與? 抑而強與?



---

1) 앞 장에 이어서 중용의 쉽지 않음을 말하고 있다. 자로가 용맹을 좋아하여 강強에 대해 물은 것이다. 공자는 자로가 혈기지강血氣之剛은 알지만 덕의지용德義之勇은 알지 못한다고 했다.

2) 성백효는 주희와 정현의 같은 점과 다른 점을 서술하면서 정약용의 견해와 차이가 있다고 했다. 주희는 기질에 따라 강한 용맹을 숭상하는 북방지강北方之強, 유순을 숭상하는 남방지강南方之強으로 보고, 기질과 관계없이 성인군자의 강함이자 자로가 힘써야 할 중립불의中立不倚의 강強을 용맹으로 본 반면, 정현은 북방지강北方之強, 남방지강南方之強, 자로가 힘써야 할 중국의 강 세 가지를 모두 지역 특성에 따른 기질로 보았다. 정약용은 북방지강과 남방지강 두 가지로 보고, 남방지강이 성현 군자들이 머물러야 할 강으로 보았다.

## 군자는 남방의 강함이다 **10.3**

너그러움과 부드러움으로써 가르치고, 도가 없음에 되갚지 않는 것이 남방의 강함이니, 군자는 거기에 머무른다.

寬柔以教, 不報無道, 南方之強也, 君子居之.

## 북방의 강함에 머무는 자 **10.4**

병기와 갑옷을 [요로 삼아] 깔고,[3] 죽을지라도 싫어하지 않는 것이 북방의 강함이니, 강한 자는 거기에 머무른다.

衽金革, 死而不厭, 北方之強也, 而強者居之.



3) 원문의 "임금혁衽金革"을 번역한 것으로, "임衽"은 '자리[席]'이고, "금金"은 '병기[戈兵]', "혁革"은 '갑옷[甲]'과 '투구[冑]'를 말한다. '임금혁衽金革'에 대해 주희는 《대전大全》에 "창을 베고 있다는 말과 같다.[如云枕戈.]"고 했고, 정약용은 "《장구章句》에서 '임衽'을 '석席'이라 읽는 것은 옳지 않은 듯하다."라고 다른 해석을 내놓았다.

## 나라에 도가 없더라도 10.5

그러므로 군자는 조화로우나 시류에 영합하지 않으니, 강하면서도 꿋꿋함이여![4] 중립하여 치우치지 않으니, 강하면서도 꿋꿋함이여! 나라에 도가 있을 때는 관직에 도달하지 못해도[5] [중용의 마음을] 변하지 않으니, 강하면서도 꿋꿋함이여! 나라에 도가 없을 때는 죽음에 이르더라도 변하지 않으니, 강하면서도 꿋꿋함이여!"

故君子和而不流, 強哉矯! 中立而不倚, 強哉矯! 國有道, 不變塞焉, 強哉矯! 國無道, 至死不變, 強哉矯!"



---

4) 원문의 "교矯"를 번역한 것으로, '강한 모습'을 말한다.《시경》에서는 "꿋꿋하고 꿋꿋한 호랑이 같은 신하[矯矯虎臣]"라고 했다.

5) 원문의 "색塞"을 번역한 것으로, 세 가지 설이 있다. 주희는 영달하지 못했을 때[未達] 지키는 의지나 포부로 본 반면, 정현은 '실實'의 뜻으로 풀이했고, 공영달은 덕행이 충실한 것으로 부연했다. 역자는 주희의 견해에 따랐다.

제11장

# 도에 들어가는 세 가지

【해설】

이 장은 공자의 말씀을 인용하여 중용의 도인 지·인·용 삼달덕의 방도를 설명한 것이다. '중中'의 의미처럼 괴이한 것 등에 치우치거나 의지하지 않는 자세로 임하고, '용庸'의 의미처럼 중도에 그만두지 않고 지속할 수 있게 하며, 남이 알아주지 않더라도 꿋꿋하게 자신의 길을 가라고 한다. 이를 행하는 데 삼달덕이 필요한 것이다.

## 서술할 수 없는 것이 있으니 11.1

공자께서 말씀하셨다.

"숨어 사는 생활을 찾고[1] 괴이하게 행동하는 것[2]을 후세에 서술하는 것이 있으나[3] 나는 그러한 행동을 하지 않을 것이다.

子曰: "素隱行怪, 後世, 有述焉, 吾弗爲之矣.

## 절반의 길에서 그만두니 11.2

군자가 도를 따라 행하다가도 절반의 길에서 그만두니,[4] 나는 능히 그만두지 않을 것이다.

君子遵道而行, 半塗而廢, 吾弗能已矣.



---

1) 원문의 "소素"를 번역한 것으로, 두 가지로 읽을 수 있다. 주희는 "'소素'는《한서》에 따르면 마땅히 '색索'이라고 해야 하니, 아마도 글자를 잘못 쓴 것이다.[素, 按漢書當作索, 蓋字之誤也.]"라 했고, 정현은 '소素'를 '소傃[향하다]'로 보고 "소傃는 향向[鄕]과 같으니 소은행괴素隱行怪는 해로움을 피할 곳을 향해 몸을 숨기고서 도리에 어긋난 짓을 하는 것이다."라고 했다.

2) 원문의 "소은행괴素隱行怪"를 번역한 것이다. "은隱"은 '숨어 있으면서 편벽된 것', '은벽하다'를 뜻한다. "괴怪"는《논어》〈술이述而〉 7.20편에 "공자는 괴이함, 완력, 패란, 귀신을 말하지 않으셨다[子不語怪力亂神]."라고 나온다.

3) 원문의 "유술언有述焉"을 번역한 것으로, 해석을 놓고 이견이 있다. '기술하는 사람들이 있으니'라고 하여 인과로 보는 견해와 '기술하는 사람들이 있으나'라고 하여 역접으로 보는 견해가 있다. 후세 사람들은 '소은행괴'가 기이하여 화젯거리로 삼아서 술[述]했으나 공자는 '소은행괴'를 부정적으로 평가하여, 자신은 서술하지 않겠다는 말이다. "술述"은 '기술', '서술'을 뜻한다. 이는 공자의 "서술하되 짓지 않으셨다.[述而不作.]"(《논어》〈술이〉 7.1편)라는 말에서와 같다.

## 오직 성인이라야 11.3

군자는 중용에 따라[5] 세상에 숨어서 [남이] 알아줌을 받지 못해도 후회하지 않으니, 오직 성인이라야 능히 그렇게 할 수 있다."

君子, 依乎中庸, 遯世不見知而不悔, 唯聖者能之."



4) 원문의 "반도이폐半塗而廢"를 번역한 것으로, "도途"는 '길 도道'와 같다. 정현은 "폐廢"를 '그만두어 멈추는 것[廢猶罷止也]'이라고 했다. '반도이폐'는 공자가 염구冉求를 "능력이 부족한 사람이라면 중간의 길에서 그만두니, 지금 너는 한계를 긋는구나.[力不足者, 中道而廢, 今女畫.]"(《논어》〈옹야〉 6.10편)라고 비판한 말과 맥락을 같이하며, 중도에서 포기하지 말고 끝까지 밀고 나가야 한다는 의미다. 정현은 '반도이폐'를 존도이행遵道而行을 그만둘 수 없음으로 해석하는데, 정약용은 중도에 그만두는 것으로 보지 않고, 배우는 자가 힘이 다하여 몸이 쓰러지는 것으로 보았는데, 여기에 성백효도 동조했다.

5) 원문의 "의호중용依乎中庸"을 번역한 것으로, 율곡언해본栗谷諺解本에는 "중용에 의依하다."라고 되어 있고, 관본언해본官本諺解本에는 "중용을 의依하다."라고 되어 있다.

제12장

# 군자의 도

【해설】

이 장은 도는 사람에게서 멀리 있지 않아서 부부 사이에서 단서가 시작된다고 했고, 현재 자신의 위치에서 바르게 하는 것에 있다고 했다. 즉, 이 장의 핵심어는 '부부夫婦'이다. 유가 사상에서 남녀가 사랑하고 자식을 낳아 기르면서 생생불식生生不息하는 가정이 모든 이치의 단서가 된다. 그래서 부부지도夫婦之道는 인륜지시人倫之始다.

이 장의 핵심 가운데 하나인 "부부지우夫婦之愚"는 보충 설명이 필요하다. 박문호는 "어리석은 남편과 어리석은 부인[愚夫愚婦]"과 같다고 했고, 정약용은 필부와 필부[匹夫匹婦]라고 했다. 부부는 민중, 못난 사람들을 뜻하는데, 이들이 인륜의 시초이다. 이들과 반대되는 사람은 군자인데, 지식은 군자가 독점하는 것이 아니라, 군자와 더불어 기본적인 부분은 평범한 사람이라도 알 수 있다는 의미다. '공자천주孔子穿珠'를 보더라도 어리석은 사람에게도 배울 점이 있음을 알 수 있으며, 《논어》〈공야장〉 5.14편의 '불치하문不恥下問' 구절을 보더라도 은미하게 쓰이는 군자의 도를 알 수 있다. 백성은 어리석고 불초하지만, 결국 여기서부터 군자의 경지에까지 이르는 것이다.

도가 광대하고 은미하게 두루 미치며, 대소와 상하 어디에도 작용하나, 그 단서는 미미한 것에서 비롯됨을 말하고 있다.

## 넓고도 은미한 군자의 도 12.1

군자의 도는 널리 쓰이면서도 은미하다.[1)]

君子之道, 費而隱.

## 성인이 부부의 어리석음에 미치지 못한 것도 있다 12.2

부부의 어리석음으로도 가히 참여하여 알 수 있지만, 그 지극함[2)]에 이르러서는 비록 성인이라도 또한 알지 못하는 바가 있다. 부부의 현명하지 못함으로도 능히 행할 수 있지만, 그 지극함에 이르러서는 비록 성인이라도 또한 능하지 못한 바가 있으며, 하늘과 땅이 [은혜가] 아무리 크더라도 사람은 오히려 섭섭한 바가 있다. 그러므로 군자가 원대한 것(선왕의 도)을 말하더라도 천하 사람들은 능히 싣지 못하는 것이 있고, 작은 것을 말하더라도 천하 사람들은 깨뜨릴 수 없는 것이 있다.



---

1) 원문의 "비이은費而隱"을 번역한 것으로, "'비費'는 '쓰는 것의 넓음[用之廣也]'이고 '隱'은 '몸의 은미[體之微]'이다."(주희 설) 정약용은 주희와 달리 "문왕이 인재를 만든 것이 성대함을 비유한 것[猶文王作人之盛也]"이라고 했다. 이 문장은 《시경詩經》의 "군자지도君子之道, 조단호부부造端乎夫婦"의 의미와 통한다. 정현은 "'비費'는 '궤佹'와 같으니, 도가 어긋나지 않으면 벼슬한다.[費猶佹也, 道不費則仕.]"라고 하여, '비이은費而隱'을 "도가 어긋나면 은둔한다."라고 해석했으며, 소疏에 "군자라는 사람은 어지러운 세상을 만나 도덕이 어긋나면 은둔하면서 벼슬하지 않지만 만일 도가 어긋나지 않으면 마땅히 벼슬해야 한다.[言君子之人, 遭值亂世, 道德違費, 則隱而不仕, 若道之不費, 則當仕也.]"라고 했다.

2) 원문의 "지至"를 번역한 것으로, '극極'과 같으며, 남들이 쉽게 보지 못하는 부분, 미세한 부분을 뜻한다.

夫婦之愚, 可以與知焉, 及其至也, 雖聖人亦有所不知焉. 夫婦之不肖, 可以能行焉, 及其至也, 雖聖人亦有所不能焉. 天地之大也, 人猶有所憾. 故君子語大, 天下莫能載焉. 語小,[3] 天下莫能破焉.

## 솔개는 날고 물고기는 뛰노니 **12.3**

《시경》에 이르기를 "솔개는 날아서 하늘에 이르고 물고기는 연못에서 뛰논다."라고 했으니, 그 위(하늘)와 아래(땅)에까지 드러나는 것을 말한다.[4]

詩云: "鳶飛戾天, 魚躍於淵."[5] 言其上下察也.



---

3) 원문의 "대大"는 도의 위대하고 큰 작용이고, "소小"는 도의 작은 작용이다.

4) 12.1에서 언급된 '비費'와 '은隱'의 의미를 설명한 것으로, 성인이 백성을 교화하는 것이 날짐승이나 물고기 같은 하찮은 것에까지 이르러 위아래가 밝게 드러나는 것(비費)이다. 그러나 이렇게 해도 다 보이거나 다 들리는 것이 아니다. 천하는 편벽되고 공평하지 않기 때문에 숨어 있는 곳, 은미한 곳이 존재할 수밖에 없음[隱]을 말하고 있다.

5) 인용된 《시경》은 〈대아〉의 '한록旱麓' 편이다. 원문의 "연鳶"은 솔개류[鴟類]이다. "려戾"는 '이르다[至]'라는 의미다.

## 군자의 도는 부부로부터 **12.4**

군자의 도는 부부에게서 단서를 만드니,[6] 그 지극함에 미쳐서는 하늘과 땅에 드러나게 된다.

君子之道, 造端乎夫婦, 及其至也, 察乎天地.



---

6) 원문의 "조단호부부造端乎夫婦"를 번역한 것으로, 전우田愚는 "조造는 시작함이고, 단端은 머리이다. '조단造端'은 머리에서 일어난다는 것과 같다.[造始也, 端首也, 造端猶言起頭也.]"고 했다.

제13장

# 충서는 도에서 떨어지지 않는다

【해설】

앞 장이 중용의 도에서 첫 단계인 '부부지도夫婦之道'를 설명했다면, 이 장은 인간관계의 윤리로 대표되는 '충서忠恕'를 말하고 있다. 도는 멀리 있지도 않고, 매일 쓰면서도 알아차리지 못하며, 일상의 사소한 데에서 시작되는 것이니 신중하지 않을 수 없다. 특히 마지막 단락에서 공자가 군자의 도 네 가지 중 하나라도 능히 할 수 있는 것이 없다고 겸손하게 말한 부분을 주의 깊게 읽어야 할 것이다. 이 문장은 한마디로 '자기를 미루어서 남에게 미치는 것[推己及人]'이다. 중용이 가르치는 자의 학문이라는 점에서 공자의 겸손은 어미 닭이 알 속에서 보내는 병아리의 신호를 알아듣는 '줄탁동시啐啄同時' 같은 일이다.

## 도는 사람을 멀리하지 않는다 13.1

공자께서 말씀하셨다.

"도는 사람을 멀리하지 않으니, 사람이 도를 행하다가 사람을 멀리하는 것은[1] 가히 도라고 할 수 없다.

子曰: "道不遠人, 人之爲道而遠人, 不可以爲道.

## 군자는 고칠 때까지 다스린다 13.2

《시경》에 이르기를 '도낏자루를 베고, 도낏자루를 만들 나무[2]를 베는구나, 그 모형[3]은 멀리 있지 않도다'라고 했으니, 도낏자루를 잡고서 도낏자루 만들 나무를 베니 [도낏자루를] 훔쳐보면서도 오히려 멀다고 생각한다. 그러므로 군자는 사람의 도리로써 사람을 다스리다가[4] [그의 잘못이] 고쳐지고 나면 그만둔다.[5]



---

1) 원문의 "도불원인道不遠人"을 번역한 것으로, 모든 사람이 도를 가지고 있고, 도 안에서 산다는 의미다. 그러므로 도는 사람을 멀리하지 않으나, 사람이 도를 행하다가 어긋나 도에서 멀어지게 된 것이다. 여기서 사람은 자신을 포함한 모든 사람을 말한다.

2) 원문의 "가柯"를 번역한 것으로, 도낏자루[斧柄]로 반복되는 두 글자를 모두 '도낏자루'로 번역하기도 하고, 뒤에 오는 '가柯'를 '도낏자루에 쓸 나무'로 번역하기도 한다.

3) 원문의 "則"을 번역한 것으로, '칙則'으로 읽어야 한다. '칙則'은 모형[法]으로, 도낏자루를 본뜨기 위한 모형을 뜻한다.

詩云: '伐柯伐柯, 其則不遠.'[6] 執柯以伐柯, 睨而視之, 猶以爲遠, 故君子以人治人, 改而止.

## 충과 서 **13.3**

충과 서[7]는 도에서 멀리 떨어진 것이 아니니, 자신에게 베풀어지기를 원하지 않는 것 또한 남에게 베풀지 말라.

忠恕違道不遠, 施諸己而不願, 亦勿施於人.



4) 원문의 "이인치인以人治人"을 번역한 것으로, 앞의 '인人'은 '사람의 도리[人道]'이고, 뒤의 '인人'은 '사람[人]'을 말한다. '이인치인'에 대해 주희는 사람의 도가 저마다 자신의 몸에 있기에 각자의 도로써 자기 몸을 다스리는 의미로 해석했고, 정현은 사람이 죄와 허물이 있을 때 군자가 사람의 도로 그를 다스리다가 그 사람이 고치면 다스림을 멈추고 용서하여 사람이 할 수 없는 것을 꾸짖지 않는 것을 말한다. 정약용은 "남에게 구하려는 것을 가지고 남을 섬기는 것[所求乎人以事人]"이라고 했다.

5) 도낏자루를 쥐고서 도낏자루를 만들 나무를 베는 것은 안 된다. 주공의 덕을 찬미한《시경》의 구절을 인용하여 벨 것과 베지 않을 것을 제대로 구분하지 못하는 것을 비판한 것으로, 주공이 덕정으로 나라를 잘 다스리는데 신하들이 비판하는 것은 마치 도낏자루를 만들 만한 재목인데 도낏자루를 가지고 베는 격이니, 이렇게 하면 안 된다는 것이다.

6) 인용된《시경》은〈빈풍豳風〉의 '벌가伐柯' 편이다.

7) 원문의 "충서忠恕"를 번역한 것으로, 주희는 "자기의 마음을 다하는 것을 '충忠'이라고 하고, 자기를 미루어서 남에게 미치는 것을 '서恕'라고 한다.[盡己之心爲忠, 推己及人爲恕.]"라고 풀이했다. 충서忠恕는 도에 가깝다.《논어》〈위령공〉15.23편의 "자기가 하고자 하지 않는 바를 남에게 베풀지 말라.[己所不欲, 勿施於人.]"라는 말을 지키면 된다.

## 군자의 네 가지 도 13.4

군자의 도가 네 가지인데, 나는 한 가지라도 능히 할 수 있는 것이 없다. 자식에게 바랄[8] 수 있는 바로써 부모를 섬기는 것을 능히 하지 못하며, 신하에게 바랄 수 있는 바로써 군주를 섬기는 것을 능히 하지 못하며, 동생에게 바랄 수 있는 바로써 형을 섬기는 것을 능히 하지 못하며, 친구에게 바랄 수 있는 바로써 먼저 그것을 베푸는 것을 능히 할 수 없으니, 떳떳한 덕을 행하며, 평범한 말[9]을 삼가서 만족하지 않는 바가 있거든 감히 힘쓰지 않을 수 없으며, 남음이 있거든 감히 다하지 못하며, 말은 행동을 돌아보고 행동은 말을 돌아보니, 군자가 어찌 독실하지[10] 않을 수 있겠는가!"

君子之道四, 丘未能一焉. 所求乎子, 以事父未能也. 所求乎臣, 以事君未能也. 所求乎弟, 以事兄未能也. 所求乎朋友, 先施之未能也. 庸德之行, 庸言之謹, 有所不足, 不敢不勉, 有餘不敢盡. 言顧行, 行顧言, 君子胡不慥慥爾!"



8) 원문의 "구求"를 번역한 것으로, 주희는 '책責'과 같다고 풀이했다. 역자도 '바라다[責]'라는 뜻으로 번역했다.

9) 원문의 "용언庸言"을 번역한 것으로, 정약용은 원문의 "용덕庸德은 항덕恒德(영원한 덕)이요, 용언庸言은 항언恒言(영원한 말)이니, 용덕을 행하면 덕이 항상 나아가게 되고, 용언을 삼가면 말이 항상 참아지게 된다."라고 했다.

10) 원문의 "조조慥慥"를 번역한 것으로, "조慥"는 독실한 모양을 뜻한다. '초조하다'라고 번역하는 경우도 있다.

제14장

# 군자가 살아가는 방식

【해설】

이 장은 현재의 위치[素位]에서 만족하고, 모든 잘못을 나에게 돌리면[反求諸己] '발전 가능성'이 있다는 것을 말한다. 중용에서는 '모든 문제는 나로부터 일어나는 것이니, 내면에 집중하고, 내 탓으로 해야 한다.'라고 말한다. 활쏘기를 예로 들어 정곡正鵠을 맞추지 못하면 내 탓으로 하겠다는 의미다. 《논어》〈팔일〉 3.16편에 "활을 쏠 때 가죽의 과녁을 [뚫는 것만을] 주된 목표로 삼지 않는 것은 [쏘는 사람마다] 힘을 쓰는 것이 같은 등급이 아니었기 때문이니, [이것이] 옛날의 규칙이었다.[射不主皮, 爲力不同科, 古之道也.]"라고 했으니, '옛날의 규칙'이란 활쏘기로써 덕을 살핀 것이다. 활쏘기는 육예六藝(예禮·악樂·사射·어禦·서書·수數)의 한 가지로, 덕망과 예의의 상징이다. "정正"은 "베에 그려 넣는 것[畫布]"이라 하고, "곡鵠"은 '고니, 따오기, 과녁'이라는 뜻인데, 주희의 주석에 "가죽에 깃든 것을 '곡鵠'이라 말한다.[棲皮曰鵠.]"라고 한 것에 따랐다. 정䲙과 곡鵠은 원래 모두 새 이름으로, 뒷날 정正은 베로 만든 과녁의 한가운데를 가리키게 되었다고 한다.

군자는 주변의 것들 때문에 정곡을 맞추지 못한 탓을 하지 않고, 모든 것을 자신의 탓으로 한다는 것이다. 즉, 자기를 바르게 하지 않고 남에게 구하여 윗사람은 하늘을 원망하고 아랫사람은 주변의 다른 사람을 탓하나, 군자는 그렇지 않다는 것이다.

## 자리를 벗어나지 말라 14.1

군자는 그 자리를 현재로 하여[1] 행하고, 그 바깥으로 벗어나는 것을 원하지 않는다.[2]

君子素其位而行, 不願乎其外.

## 군자가 터득하는 방식 14.2

현재의 부유하고 귀함에 따라 부유하고 귀하게 행동하고, 현재의 가난하고 천함에 따라 가난하고 천하게 행동하며, 현재의 오랑캐 땅에서는 오랑캐를 따라 행동하며, 현재의 근심과 재난에 처해서는 근심과 재난에 따라 행동하니, 군자는 들어가는 곳에서 스스로 터득하지 않음이 없다.[3]

1) 원문의 "소기위素其位"를 번역한 것으로, "소素"는 '지금', '현재'라는 뜻이다. '소기위素其位'를 번역할 때 '기위其位'를 목적어로 하고, '소素'를 동사로 하여, '그 자리를 현재로 하여'라고 해야 한다. 군자는 다만 현재 자신이 처해 있는 상황을 당연하게 받아들여 그 밖의 어떤 것에도 기대하지 않는다는 것이다.(김충열 설) 정약용은《중용자잠中庸自箴》에서 "소素는 본질이니, '회사후소繪事後素'의 '소素' 자처럼 읽어야 한다. '소기위素其位'는 본래 그 지위요, '행行'이란 스스로 행하는 것이다."라고 했다.

2) 원문의 "불원호기외不願乎其外"를 번역한 것으로, '바깥에 있는 것을 원하지 않는다.'라는 뜻이다. '외外'는 '현재의 자리에서 벗어난 것'을 의미한다.

3) 주희는 이 구절에 대해 "이는 자리를 현재로 삼아 행동한다는 것을 말한 것이다.[此言素其位而行也.]"라고 설명했다. 사람들은 현재 상황을 인정하지 않고 불만족스러워하며 과거에 얽매여 사는데, 현재 위치에서 자족自足하도록 노력해야 한다는 '만족의 중요성'을 말한 것이다.

素富貴, 行乎富貴. 素貧賤, 行乎貧賤. 素夷狄, 行乎夷狄. 素患難, 行乎患難. 君子無入而不自得焉.

## 윗자리든 아랫자리든 **14.3**

윗자리에 있으면서 아랫사람을 능멸하지 않으며, 아랫자리에 있으면서 윗사람을 잡아당기지 않고, 자기를 바르게 하여 남에게서 구하지 않으면 원망하는 [마음이] 없게 될 것이니, 위로는 하늘을 원망하지 않으며, 아래로는 다른 사람을 허물하지 않는다.

在上位不陵下, 在下位不援上, 正己而不求於人則無怨, 上不怨天, 下不尤人.



## 천명이나 요행이나 **14.4**

그러므로 군자는 평이하게[4] 살면서 천명을 기다리고,[5] 소인은 험난하게[6] 행하면서 요행을 바란다.

故君子居易以俟命, 小人行險以徼幸.

---

4) 원문의 "이易"를 번역한 것으로, 평평한 땅[平地]이다. "거이居易"는 "자리를 현재로 하여 행하는[素位而行也]"(주희 설) 것으로, "행험行險"과 반대 개념이다.

5) 원문의 "사명俟命"을 번역한 것으로, "바깥에 있는 것을 원하지 않는 것[不願乎外也]"(주희 설)이다. 즉, 본분을 벗어나는 것을 원하지 않는 것이다.

6) 원문의 "험險"을 번역한 것으로, '평범한 이치를 벗어난 것'을 뜻한다.

## 활쏘기도 자신에게 달려 있다 **14.5**

공자께서 말씀하셨다.

"활쏘기는 군자와 비슷한 것이 있으니, 정곡을 잃으면 돌이켜서 그 자신에게서 구한다."

子曰: "射有似乎君子. 失諸正鵠, 反求諸其身."

제15장

# 도를 실천하는 방법

【해설】

이 장은 《시경》과 공자의 말씀을 인용하여 가깝고 낮은 곳부터 도를 실천해야 한다고 말하고 있다. 첫 단락에서 보이듯 높은 태산도 가장 낮은 지면에서 시작하는 것이니, 높은 곳에 오르려면 반드시 낮은 곳에서부터 하라는 말이다. 이것이 군자의 도이다. 원문의 "행원필자이行遠必自邇"는 "천 리의 길은 발밑에서 시작한다.[千里之行, 始於足下.]"라는 말로, "천 리 길도 한 걸음부터"와 같은 의미다.

《중용》 제11장 이전은 개인의 수신에 관련된 내용이고, 제12장에서는 부부의 문제를 다루고 있으므로 이 장으로 이어지는 것이 논리 전개상 자연스럽다.

## 높은 곳에 오르려면 **15.1**

군자의 도는 비유하면 마치 먼 곳을 가려면 반드시 가까운 곳에서부터 하는 것과 같고, 비유하면 마치 높은 곳에 오르려면 반드시 낮은 곳에서부터 하는 것과 같다.

君子之道, 辟如行遠必自邇, 辟如登高必自卑.

## 집안이 화목하니 **15.2**

《시경》에 이르기를 "아내와 자식이 잘 화합되니 거문고와 비파를 타는 듯하며, 형제가 이미 화합한 것이 화락하고 또 즐겁구나! 너의 집안을 화목하게 하며, 너의 아내와 자식을 즐겁게 한다."라고 했다.

詩曰: "妻子好合, 如鼓瑟琴, 兄弟旣翕, 和樂且耽, 宜爾室家, 樂爾妻帑."[1]



1) 인용된 《시경》은 〈소아〉의 '상체常棣' 편이다. 원문의 "흡翕"은 합한다는 뜻이고, "탐耽"은 즐긴다는 뜻이며, "노帑"는 자손을 말한다.

## 편안한 부모님 15.3

공자께서 말씀하셨다.

"부모님은 아마도 [마음이] 편안하실 것일진저![2)]"

子曰: "父母其順矣乎!"



---

2) 주희는 "사람이 아내와 자식 간에 화합하고 형제간에 우애하는 것이 이와 같으면 그 부모가 안락하실 것이다.[人能和於妻子, 宜於兄弟如此, 則父母其安樂之矣.]"라고 했다. 한편 정현은 "교령이 행해져서 집안으로 하여금 순하게 하는 것[謂其教令行, 使室家順]"이라고 했다.

제16장

# 도의 광대함과 은미함

【해설】

이 장은 앞서 밝힌 비費·은隱에 대한 풀이를 확장하여 살피고 있다. 공자께서 귀신에 대해 언급했는데, 그 말씀이 엄중하다. 보려 해도 보이지 않고, 들으려 해도 들리지 않으며, 예측할 수 없는 바가 귀신의 속성이다. 《논어》〈술이〉 7.20편에서 나온 "공자께서는 괴이한 일, 위세 부리는 일, 어지럽히는 일, 귀신에 관한 일에 대해서는 말씀하시지 않았다.[子不語, 怪力亂神.]"라는 문장에서도 '신神'이 등장한다. 그러므로 싫어하고 태만하게 여길 수 없는 것이요, 공경하지 않을 수 없는 것이다. 거듭 귀신에 대해 풀이한 의미가 은미하고도 심오한데, 귀鬼와 신神이 일상과 밀접하여 떼려야 뗄 수 없고, 음양의 조화를 통해 사물을 몸으로 하여 '공용성功用性', '효용성效用性'이 있기에 버릴 수 없다는 것이다.

## 귀신도 덕이 됨이 16.1

공자께서 말씀하셨다.
"귀신[1]이 덕이 되는 것이 아마도 성대함일진저!

子曰: "鬼神之爲德, 其盛矣乎!

## 귀신의 속성 16.2

보려 해도 보이지 않으며, 들으려 해도 들리지 않으나, 사물을 몸체[2]로 하기에 빠뜨릴 수 없다.[3]

視之而弗見, 聽之而弗聞, 體物而不可遺.



---

1) 원문의 "귀鬼"와 "신神"은 차이가 있다. 신神은 하늘의 신으로 양陽에, 귀鬼는 땅의 신으로 음陰에 해당한다. 그래서 제사를 지낼 때 향을 피워서 신을 불러들이고, 술을 부어서 귀鬼를 달래주는 것이다. '천신지귀天神地鬼'가 그런 말이다. 한편 귀신의 의미에 대해 정이천은 "귀신은 천지의 공용이요, 조화의 자취이다.[鬼神, 天地之功用, 而造化之跡也.]"라 했고, 장재張載는 "[음과 양] 두 가지 기운의 양능[二氣之良能也]"이라고 했는데, 주희는 "귀는 음기의 신령함이고, 신은 양기의 신령함이니, 하나의 기로 말하자면 이르러 펼치면 신이 되고 도리어 돌아가면 귀가 되니 실제로는 하나의 물物일 뿐이다.[鬼者陰之靈也, 神者陽之靈也. 以一氣言, 則至而伸者爲神, 反而歸者爲鬼, 其實一物而已.]"라고 했다.

2) 원문의 "체물體物"을 번역한 것으로, 형체와 소리가 없는 것이 귀신의 속성이다. 물物은 시종始終이 있어 음양이 합하고 흩어지며 행하지 못함이 없다. 이것이 물物의 체體이고, 물物을 빠뜨릴 수 없는 까닭이다. 체물體物이라는 것은 《주역》〈건괘乾卦〉'문언전文言傳'에서의 간사幹事를 말하며, 일에 근간이 된다.(주희 설)

## 재계는 청결히 해야 16.3

천하의 사람으로 하여금 재계는 청결히 하고,[4] 옷을 잘 차려입음으로써 제사를 이어받고 흘러넘치는 것이[5] 마치 그 위에 있는[6] 듯하고, 마치 그 좌우에 있는 듯하다.[7]

使天下之人齊明盛服, 以承祭祀, 洋洋乎如在其上, 如在其左右.

---

3) 원문의 "체물이불가유體物而不可遺"를 번역한 것이다. 이에 대해 세 가지 설이 있다. 주희는 "귀신이 물건의 체가 되어 빠뜨릴 수 없는 것"으로 해석했으나, 정현은 "만물이 귀신의 기운으로써 낳지 않은 것이 없음을 말한 것이다.[言萬物無不以鬼神之氣生也.]"라고 했다. 공영달은 "만물이 낳아 형체가 있게 함을 말한 것이다.[言萬物生而有形體.]"라고 하여 이것은 귀신의 도이고 '만물을 낳아 기르는 것[生養萬物]'이라 풀이했다.

4) 원문의 "재명齊明"을 번역한 것으로, '재齊'는 '재계'를 뜻하는 것이어서 '재'로 읽는다. 재계에는 산재散齋와 치재致齋 두 가지가 있는데, 산재는 제사를 지내기 전 이레 동안 마음을 가라앉히는 것이고, 치재는 사흘 동안 돌아가신 분의 일상생활에 대해 회상하는 것이다.(동양고전연구회 설) "명明"은 '청결할 결潔'과 의미가 같다. 원래는 '명재明齊'이다.

5) 원문의 "양양호洋洋乎"를 번역한 것으로, "양洋"은 '넘치다'라는 뜻이고, "양양洋洋"은 흘러 움직여 충만되었다는 뜻이다[洋洋, 流動充滿之意].(주희 설) 이는 귀신이 양양히 있는 듯하다는 말이다. 정현은 "양양洋洋"은 '사람들이 모호하고 몽롱한 [귀신의] 모습을 상상하는 모양[人想思其傍僾之貌]'이라고 했다.

6) 원문의 "재기상在其上"을 번역한 것인데, 귀신이 그 위에 있다는 것이다. 여기서 "상上"은 사람의 머리를 뜻한다.

7) 앞 절의 '체물이불가유體物而不可遺'에 대해 더욱 자세히 밝혔다. 이를 주희는 "사람으로 하여금 두려워하고 공경하여 받들게 하고는, 발견하고 밝게 드러남이 이와 같으니 이것이 바로 사물의 본체가 되어 빠뜨릴 수 없다는 징험徵驗이다.[能使人畏敬奉承, 而發見昭著如此, 乃其體物而不可遺之驗也.]"라고 했다.

## 신이 오는 것은 아무도 모른다 16.4

《시경》에 이르기를 "신이 온다는 것을 헤아릴 수 없거늘, 하물며 [신을] 싫어할 수 있겠는가!'"라고 했다.

詩曰: "神之格思,[8] 不可度思! 矧可射[9]思!"[10]

## 은미한 것이 드러나게 되니 16.5

무릇 [귀신의 덕과 같은] 은미한 것이 드러나게 되니, 정성스러움[11]을 가릴 수 없음이 이와 같구나!"

夫微之顯, 誠之不可揜如此夫!"



---

8) 원문의 "사思"는 의미 없는 어조사로 해석하지 않는다.

9) "격格"은 '래來'의 의미이며 "역射"은 '싫어하다'라는 의미로, "싫어하고 태만하여 공경하지 않음[厭怠而不敬]"(주희 설)을 말한다.

10) 인용된《시경》은 〈대아〉의 '억抑' 편이다.

11) 원문의 "성誠"을 번역한 것으로, 귀신의 실리實理를 뜻한다. 즉, 정성을 통해 귀신의 효험이 나타남을 말한다.

제17장

# 중용의 실현은 순임금의 이상적 정치다

【해설】

이 장은 순임금의 이상적 정치가 바로 중용의 실현이라고 설명한다. 도의 작용이 일상에서 지극한 경지에까지 확대된 것을 순임금을 예로 들어 말하고 있으며, 이는 도의 광대한 작용을 드러낸 것이다. 순임금의 대효大孝와 대덕大德을 칭송하고, 《시경》을 인용하여 큰 덕을 가진 자만이 받을 수 있는 천명은 하늘이 내려준 자질이요, 노력해서 되는 것이 아님을 밝히고 있다. 제3절에 나와 있듯이 싹이 있는 것은 북돋아 키워주고, 싹이 없는 것은 엎는다는 뜻으로, 이것은 자질론·천부론을 말한다. 즉, 자질이 있다는 것이다. 군주는 군주, 신하는 신하, 평민은 평민의 등급으로 매겨져서 그 등급 간에 넘나들지 못했던 것과 같다.

## 위대한 효자 순임금 17.1

공자께서 말씀하셨다.

"순임금은 아마도 위대한 효자이실진저! 덕이 있어 성인이 되시고, 존엄하여 천자가 되시고, 부유하여 사해의 안을 소유하시어 종묘에서는 그(순임금)를 흠향하시고, 자손들은 그를 보존하는구나.[1]

子曰: "舜其大孝也與! 德爲聖人, 尊爲天子, 富有四海之內, 宗廟饗之, 子孫保之.

## 위대한 덕이 먼저다 17.2

그러므로 위대한 덕이 있으면 반드시 그 지위를 얻게 되며, 반드시 그 봉록을 얻게 되며, 반드시 그 이름을 얻게 되며, 반드시 그 장수를 얻게 된다.[2]

故大德, 必得其位, 必得其祿, 必得其名, 必得其壽.

---

1) 원문의 "자손보지子孫保之"를 번역한 것으로, "자손子孫"에 대해 주희는 "우사와 진 호공의 무리[虞思陳胡公之屬]"로 보았으며, 공영달은 "주나라 때 진陳나라는 순의 후예[周時陳國是舜之後]"라 했고, 자손들이 제사를 이어받았기 때문에 "보保"라고 했으니, 말하자면 진나라 사람들이 대대로 순임금을 받들었다는 것이다.

2) 순임금은 나이가 110세였다[舜年百有十歲].(주희 설). 직급을 얻고, 일정한 수입을 얻을 수 있고, 장수를 얻고자 함은 보통 사람들이 항상 원하는 바이다. 그러나 이것을 얻으려면 덕이 근본이 되어야 하며, 덕이 있으면 자연히 얻게 되는 이치를 설명한 것이다. 그러므로 원문의 "대덕大德"을 원인으로, 뒤에 이어지는 "必得其位, 必得其祿, 必得其名, 必得其壽"를 결과로 보아 풀이할 수도 있다.

## 하늘의 섭리 17.3

그러므로 하늘이 만물을 낳음에 반드시 그 자질[3]에 따라 돈독하게[4] 되므로, 심은 것을 북돋아주고, 기울어지려는 것을 뒤집어엎는다.

故天之生物, 必因其材而篤焉, 故栽者培之, 傾者覆之.

## 화락한 군자 17.4

《시경》에 이르기를 '화락한[5] 군자여! 밝게 드러나는 아름다운 덕을 지녔도다.[6] 백성에게 마땅하고 관리들에게도 마땅하게 대하시니, 하늘로부터 복록을 받으시니 [하늘은] 보호하여 명을 내리시며, 하늘로부터 거듭 보살핌을 받으시네!'라고 했다.



3) 원문의 "재材"를 번역한 것으로, 자질을 뜻한다. 각각의 능력과 자질에 따라 구분하는 것이다. 차등을 두지 않는 겸애 사상의 묵가와 비교하자면 의도적인 차별을 두었다고 볼 수 있다.

4) 원문의 "독篤"을 번역한 것으로, '두터울 후厚'와 의미가 같다. 정현과 주희 모두 '두텁게 하다'로 풀이했다. 정현에 따르면, 선한 일을 하는 사람에게는 하늘이 복을 더 많이 주고, 나쁜 일을 하는 사람에게는 하늘이 더 많은 해를 주니, 모두 그 일의 근거에 따라 그렇게 한다는 말이다.

5) 원문의 "가락嘉樂"을 번역한 것으로, 공영달은 "가嘉"를 '선善'으로 풀이했다.

6) 원문의 "헌헌영덕憲憲令德"을 번역한 것으로, 정현과 공영달은 "헌헌憲憲"을 흥성하는 모습이라 했고, 주희는 《시경》에 근거해 '현현顯顯'으로 바꿔야 한다고 말했다.

詩曰: '嘉樂君子, 憲憲令德! 宜民宜人, 受祿於天, 保佑命之, 自天申之!'[7]

### 천명을 받는 자 17.5

그러므로 큰 덕을 가진 자는 반드시 천명을 받는다.[8]"

故大德者必受命."



7) 인용된《시경》은〈대아〉의 '가락嘉樂' 편이다.

8) 원문의 "수명受命"을 번역한 것으로, 하늘의 명을 받아서 천자가 되는 것이다[受天命爲天子也].(주희 설) 즉, 큰 덕을 가진 자만이 받을 수 있는 것으로, 싹이 있는 자만이 천명을 받는다는 말이다. 노력해서 되는 것은 아니고 하늘이 내려준 자질[天資]이 있어야 한다.

제18장

# 문왕과 무왕으로 이어지는 도

【해설】

이 장은 앞 장의 순임금에 이어 문왕과 무왕으로 이어지는 도의 광대한 작용을 말하고 있다. 역사적 사실관계를 보면 문왕의 아들 무왕이 선친의 업적을 이어받아 천하를 다스려 칭송한 것이다. 폭군의 전형으로 불리는 주왕紂王처럼 포악한 정치로 백성을 궁지에 몰아넣지는 않았지만, 무력으로 전쟁을 일으켜 천하를 소유했으니 문왕의 덕에는 미치지 못했다. 중용의 도를 말하면서 상례를 다룬 것에 대해 주희는 중용은 부모를 섬기는 일을 주로 말할 뿐이라고 했으나, 귀신의 일을 다룬 은미함에 이어 선왕이나 선조의 덕을 기리는 일까지도 지극한 정성을 다하는 도의 광대한 작용이라 하겠다.

## 근심 없는 문왕 18.1

공자께서 말씀하셨다.

"근심이 없는 사람은 아마도 오직 문왕일진저! 왕계를 아버지로 삼으시고, 무왕을 자식으로 삼으시니, 아버지가 일을 시작하자 자식이 이어받았다.[1)]

子曰: "無憂者, 其惟文王乎! 以王季爲父, 以武王爲子, 父作之, 子述之.

## 무왕의 공적은 18.2

무왕이 태왕·왕계·문왕이 시작한 일을 계승했다. [그는] 한 번 전투복을 입고[2)] 천하를 소유하셨는데, 자신은 천하에 훌륭한 이름을 잃지 않으셨고, 존귀하여 천자가 되셨고, 부유하여 사해의 안을 소유하여 종묘에서는 흠향하시고, 자손들은 그를 보존하는구나.



---

1) 요임금은 아들 단주丹朱를 제치고 순舜을 제위에 천거했으며, 순임금은 아들 상균商均이 아닌 우禹를 천거했는데, 우가 상균에게 제위를 양보하고 양성陽城으로 갔다가 제후들의 요구로 어쩔 수 없이 천자에 등극했다. 순의 아버지는 계부 고수瞽叟였고, 우의 아버지 곤鯀은 치수治水에 실패하여 순임금에게 처형당했다. 그리하여 우가 치수를 맡았다. 이렇듯 어질지 못한 아비 아래 현명한 군주가 나오지 않으리란 법이 없다.

2) 원문의 "일융의壹戎衣"를 번역한 것인데, "융의戎衣"는 갑옷과 투구[甲冑]이다. 정현은 '의衣'를 '은殷'으로 보았다. 반면 공영달은 《고문상서古文尙書》〈무성武城〉 편에 "한 번 전투복을 입음[一著戎衣]"으로 보충했다. 여기서는 한 번 군대를 일으켜 은나라를 토벌했다는 뜻이다.

武王纘大王王季文王之緖. 壹戎衣而有天下, 身不失天下之顯名. 尊爲天子, 富有四海之內. 宗廟饗之, 子孫保之.

## 말년에 천명을 받은 무왕 18.3

무왕이 말년에야 천명을 받으셨으므로, 주공이 문왕과 무왕의 덕을 완성하셔서 태왕과 왕계를 추존하여 왕으로 높이셨고, 위로는 선공[3]을 천자의 예로써 제사 지냈으니, 이러한 예가 제후와 대부 및 선비와 서민에게까지 도달했다. [그래서] 아버지는 대부이고 아들은 선비가 되었으면 장례는 대부의 예로써 하고 제사는 선비의 예로써 했고, 아버지는 선비이고 아들은 대부가 되었으면 장례는 선비의 예로써 하고 제사는 대부의 예로써 했다. 1년상[4]은 대부까지 이르렀고 3년상은 천자까지이나, 부모의 상은 귀하건 천하건 [상관없이] 매한가지였다."

武王末受命, 周公, 成文武之德, 追王大王王季, 上祀先公以天子之禮. 斯禮也, 達乎諸侯大夫, 及士庶人, 父爲大夫, 子爲士, 葬以大夫, 祭以士. 父爲士, 子爲大夫, 葬以士, 祭以大夫. 期之喪, 達乎大夫, 三年之喪, 達乎天子, 父母之喪, 無貴賤一也."

3) 여기서 "선공先公"은 태왕의 아버지인 조감組紺부터 후직後稷까지를 말한다.

4) 원문의 "기지상期之喪"을 번역한 것으로, 기년상을 말한다. 즉, 직계가족이 아닌 친척 간에 1년 동안 상복을 입는 것이다.

제19장

# 무왕과 주공의 도

【해설】

이 장은 앞 장에 이어 도의 광대한 작용을 무왕과 주공의 예로 말하고 있다. 특히 효의 덕목을 강조하여 선조의 뜻과 사업을 이어간 것을 칭송했다. 제례와 의식의 의미를 상세히 설명하면서 엄숙한 행위를 하는 가운데 지극한 정성이 담겨 있음을 말하고 있다. 《논어》〈자장〉 19.22편의 "문왕과 무왕의 도가 땅에 떨어지지 않고 사람들에게 남아 있습니다. 현명한 자는 그중에서 큰 것을 기억하고, 현명하지 못한 사람은 그중에서 작은 것을 기억하고 있으니 문왕과 무왕의 도가 없는 곳이 없습니다.[文武之道, 未墜於地, 在人. 賢者識其大者, 不賢者識其小者, 莫不有文武之道焉.]"라는 구절을 보더라도 선조의 대업을 이어가는 모습을 볼 수 있고, 〈미자〉 18.10편에서 주공이 자신의 아들 노공에게 "군자는 자신의 친족을 소홀히 하지 않고, 대신들이 부려지지 않는다고 원망해서는 안 되며, 큰 문제가 없으면 오래된 사람도 버리지 않아야 하며, 한 사람에게 [모든 것을] 갖출 것을 요구하지 않는다.[周公謂魯公曰: 君子不施其親, 不使大臣怨乎不以. 故舊無大故, 則不棄也. 無求備於一人.]"라고 훈계한 것을 보더라도 무왕과 주공의 효성에서 비롯되는 덕성을 볼 수 있다.

## 효에 통달한 두 사람 19.1

공자께서 말씀하셨다.
"무왕과 주공은 아마도 효를 통달하셨을진저!

子曰: "武王周公, 其達孝矣乎!

## 효란 19.2

무릇 효란 선조의 뜻을 잘 계승하고, 선조의 사업을 잘 이은 것이다.[1)]



夫孝者, 善繼人之志, 善述人之事者也.

## 봄가을에 할 일 19.3

봄과 가을에는 조상의 사당[2)]을 수리하고, 제기를 진열하고, [조상

---

1) "무왕이 태왕, 왕계, 문왕이 시작한 일을 계승하여 천하를 소유했으며, 주공이 문왕, 무왕의 덕을 이루어 그 선조들을 추존하셨음[武王纘大王王季文王之緖以有天下, 而周公成文武之德以追崇其先祖]"을 말하고, 아래 단락과 연관해 제사의 예가 상하에 통행하는 것을 말했다.(주희 설)

2) 선조의 사당은 천자는 칠묘七廟이고, 제후는 오묘五廟, 대부는 삼묘三廟, 적사適士(원사元士)는 이묘二廟, 관사官師(유사有司)는 일묘一廟이다. 종기宗器는 선대부터 소장해온 귀중한 기물器物이니, 주周나라의 적도赤刀, 대훈大訓, 천구天球, 하도河圖와 같은 등속이다.[祖廟, 天子七, 諸侯五, 大夫三, 適士二, 官師一. 宗器, 先世所藏之重器, 若周之赤刀大訓天球河圖之屬也.](주희 설)

이 입었던] 옷을 펼쳐두고,[3] 그 계절에 나는 음식을 올린다.[4]

春秋修其祖廟, 陳其宗器, 設其裳衣, 薦其時食.

## 종묘의 예 19.4

종묘의 예는 [신주를 놓을 때] 왼쪽과 오른쪽[5]에 순서를 정하기 위함이다. 작위의 순서대로 정하는 것은 신분의 귀함과 천함을 구별하기 위한 까닭이다. 직분의 순서대로 정하는 것은[6] 현명함을 구별하기 위해서다. [제사가 끝난 뒤에] 여러 사람이 술잔을 돌릴 때 아랫사람이 윗사람을 위해 잔을 올리는 것은[7] 미천한 사람들에게 [은혜

3) 원문의 "설기상의設其裳衣"를 번역한 것으로, '상의裳衣'란 조상이 남긴 의복을 말한다. '설設'은 그 의복을 펼쳐놓음을 뜻하는데, 제사를 지낼 때 시동尸童에게 넘겨주어 빙의의 의미를 부여한다.(동양고전연구회 설)

4) 원문의 "시식時食"을 번역한 것으로, 사계절에 각기 마땅한 음식이 있으니 '봄철에는 염소와 돼지를 쓰되 쇠기름으로 요리하는 것[如春行羔豚膳膏香]'과 같은 것이다.(주희 설) 박문호는 "네 개의 '기其' 자는 모두 선왕을 가리킨다. '기시식其時食'은 선왕이 살아 계실 적에 먹던 때에 맞는 음식을 일컫는다.[四其字, 皆指先王, 其時食, 謂先王生時所食之時食.]"라고 설명했다.

5) 원문의 "소목昭穆"을 번역한 것으로, 종묘나 사당에 조상의 신주를 모시는 차례다. "소昭"는 왼쪽을, "목穆"은 오른쪽을 가리킨다.

6) 원문의 "서사序事"를 번역한 것이다. 여기에서 "사事"는 제사 음식 올리는 일을 가리키는 것(정현 설)으로, 현능賢能을 분별하여 관직을 맡기는 것을 말한다. 그래서 사도司徒는 소[牛]를 올리고, 사마司馬는 양[羊]을 올리고, 종백宗伯은 닭을 올린다고 했다.(공영달 설)

7) 원문의 "여수하위상旅酬下爲上"을 번역한 것으로, 정약용은 "여수旅酬의 방법은 군주에게서 빈賓에 이르고, 그다음은 경卿, 그다음은 대부大夫, 그다음은 서자庶子, 그다음은 소신小臣에게 이른다.[旅酬之法, 自君而賓, 次卿次大夫次士次庶子次小臣.]"(《중용강의보中庸講義補》)라고 했다.

를] 미치게 하기 위함이다. [제사를 다 마치고] 연회석에서 머리카락의 빛깔에 따라 자리를 배치하는 것[8]은 나이대로 순서를 매기기 위함이다.

宗廟之禮, 所以序昭穆也, 序爵, 所以辨貴賤也, 序事, 所以辨賢也, 旅酬下爲上, 所以逮賤也, 燕毛, 所以序齒也.

### 제례와 효도의 지극함이란 **19.5**

선조[9]의 자리에서 제례를 행하고[10] 그 예에 따라 그 음악을 연주하며, 그(선조)가 존경했던 사람을 존경하고, 그가 가까이했던 사람을 아끼며, 죽은 사람을 섬기는 것을 마치 산 사람을 섬기듯 하고, 없는 사람 섬기기를 마치 생존해 있는 사람을 섬기듯이 하는 것이 효도의 지극함이다.



踐其位, 行其禮, 奏其樂, 敬其所尊, 愛其所親, 事死如事生, 事亡如事存, 孝之至也.

---

8) 원문의 "연모燕毛"를 번역한 것으로, 제사가 끝나고 나서 머리카락 색에 따라 장유長幼를 구별해 자리에 앉는 순서를 정하는 것을 말한다.

9) 원문의 "기其"를 번역한 것으로, 주희는 "처음 죽었을 때를 '사死'라 하고 이미 장례하고 돌아와서는 '망亡'이라 하니, 이는 모두 선왕을 가리킨다.[始死謂之死, 旣葬則曰反而亡焉, 皆指先王也.]"라고 풀이했다.

10) 원문의 "천踐"을 번역한 것으로, 위패가 놓여 있는 곳으로 올라간다는 뜻이다. '승升'과 같은 의미로 보면 무리가 없다.

## 교사제는 상제를 섬기기 위함인가 **19.6**

[하늘과 땅에 제사 지내는] 교사[11]의 예는 상제를 섬기기 위함이다. 종묘의 예는 자신의 선조에게 제사 지내기 위함이다. 교제와 사제의 예와 [천자가 종묘에 지내는] 체 제사와 가을에 [선조에게] 지내는 제사[12]의 의미에 밝으면 나라를 다스리는 일은 아마도 손바닥을 보는 것처럼 쉬울 것일진저!"[13]

郊社之禮, 所以事上帝也, 宗廟之禮, 所以祀乎其先也. 明乎郊社之禮, 禘嘗之義, 治國, 其如示諸掌乎!"



11) 원문의 "교사郊社"에서 "'교郊'는 상제를 모시는 제사이고, '사社'는 토지신을 모시는 제사이다. 후토後土에 대해 언급하지 않은 것은 문장을 간략히 하기 위해서일 뿐이다.[郊, 祀天. 社, 祭地. 不言後土者, 省文也.]"(주희 설)

12) 원문의 "체禘"는 제사 이름인데, 천자가 동성 친족의 뿌리인 조상에게 지내는 봄 제사의 일종이다. 《논어》〈팔일〉 3.10편에 체 제사와 관련한 내용이 있다. "체 제사를 지낼 때 관례 이후의 일은 내가 보고 싶지 않다.[禘自旣灌而往者, 吾不欲觀之矣.]"

13) 원문의 "기여시저장호其如示諸掌乎"를 번역한 것인데, "시示"에 대해 정현은 '치寘'로, 주희는 '시視'로 풀이했다. 이에 따르면 정현은 '물건을 손바닥에 놓고 가늠해보는 것처럼 쉽다'라는 뜻으로, 주희는 '물건을 손바닥에 올려놓고 보는 것처럼 쉽다'라는 뜻으로, 공영달은 '물건을 손바닥에 올려놓는 것처럼 쉽다'라는 뜻으로 풀이했다.

제20장

# 성실함에 관하여

【해설】

이 장은《중용》가운데 가장 글자가 많은 장으로 약 770자에 이르며, 수식修飾과 대구對句를 맞춘 의론議論이 많다. 주희는 이 장을 스물한 절로 나누었는데, 중간에 중첩되어 군더더기 문장으로 본 제6절을 제외하면 모두 스무 절이다. 이 중 제16절까지는 정사政事를 말했고, 그 이하는 명선明善, 성신誠身에 관해 말했는데, 정사도 수신을 주로 말한 것이니, 연관성을 갖는다.

첫 문장부터 애공哀公의 질문으로 시작된다. 애공은 노나라 군주이며, 이름은 '장蔣'이다.《논어》〈위정爲政〉2.19편에서 애공이 공자에게 "어떻게 하면 백성이 복종합니까?[何爲則民服?]" 하고 물으니, 공자는 "정직한 사람을 천거하여 비뚤어진 사람들 위에 두면 백성이 복종한다.[擧直錯諸枉, 則民服.]"라고 답한다. 애공이 정사에 관심도가 높았음을 알 수 있는 장으로 함께 읽으면 좋다. 또한〈옹야〉편에서는 공자에게 제자 중 '호학好學'하는 자를 묻기도 하며,〈팔일〉,〈안연〉편 등에서도 애공이 등장하는데, 공자 외에도 재아宰我에게 사社 제사에 대해 묻고, 유약에게 세금 거두는 일에 대해 묻는 장면도 보인다. 이런 군주의 모습을 통해 이 문장의 맥락을 이해해야 한다.

이 장의 핵심어 중의 하나인 인仁의 의미에 대해서도 잘 알아야 한다. 인仁은 곧 인人(사람의 몸)이니, 친친親親이며 존현尊賢이며, 모두 인人을 바탕으로 뻗어나가는 것이다. 이것은 동양 사유의 근간이다. 공자가 주장하는 유가 사상에는 의도적 차별이 내재하고 있다. 곧 제 아버지와 다른 사람의 아버지는 차등이 있다는 것이다. 겸애설을 주장한 묵자의 사상에서는 사람은 모두 똑같기에 차별이 없어야 함을 주장했고, 모든 아버지는 나의 아버지와 같다고 보았다. 이는 객관성 있게 구별해야 한다는 것이요, 유가의 주장과 대조된다. 이 구절에서 인仁과 의義 두 가지가 예가 탄생하는 바라고 했다. 나를 중심으로 하며 가족의 문제가 '인'이고, 사회의 문제는 '의'라고 말하고 있다.

주로 유가 정치에 관한 내용을 다루고 있는데, 오달도五達道, 삼달덕三

達德, 구경九經 등 천하를 다스리는 정치 논리로 풀이하여 비록 심오한 철학적 깊이는 없지만, 지금의 정치사상이나 원리에 적용할 수 있는 보편성을 지니며, 그 근본은 수신에 있음을 논했다. 중요한 개념어 "달도達道"의 의미를 살펴보면 이렇다. 천하와 고금이 모두 공용하는 길이다. 다섯 가지는 오륜五倫을 말한다. 지知·인仁·용勇에서 지知는 이 다섯 가지 달도達道를 아는 것이요, 인仁은 다섯 가지를 체행體行하는 것이고, 용勇은 다섯 가지를 힘쓰는 것이다. '일一'로 하는 것은 성실히 함이다. 달덕은 천하와 고금이 함께 얻는 이치이다. 《논어》〈자한子罕〉 9.28편에 "지혜로운 사람은 미혹되지 않고, 인한 사람은 근심하지 않으며, 용기 있는 사람은 두려워하지 않는다.[知者不惑, 仁者不憂, 勇者不懼.]"라고 했으니, 곧 지知는 현혹되지 않는 마음 또는 동요하지 않는 마음이요, 인仁이란 늘 포용하는 마음을 지니기 때문에 근심이 없는 것이요, 용勇은 불의를 보고 견디지 못하는 것으로 두려워하지 않는 마음이다.

제6절에 나오는 정치의 신뢰 문제도 눈여겨볼 대목이다. 윗사람에게 신뢰를 얻지 못한 아랫사람은 다스리는 행위를 하지 못한다. 권위는 천자부터 백성에 이르기까지 위에서 아래로 내려온다. 즉, 천자가 제후와 왕에게 믿음을 주면 제후와 왕은 "천자가 말하기를"이라면서 아랫사람인 대부를 다스리고, 대부 또한 이런 식으로 백성을 다스린다. 그러기에 권위가 없으면 다스리지 못한다. 그래서 '윗자리'에 있으면서 '믿음'을 얻지 못하면 권위가 없고, '아랫자리'가 다스려지지 않는다. 여기에서 말하는 '아래의 위치'란, 상중하에서 중간 단계를 의미한다. 중간의 위치에서 윗사람에게 신임을 확고하게 얻어야만 아랫사람을 부리기가 쉬운 것이다.

맨 마지막 절도 유의 깊게 보아야 한다. 이 절은 앞의 다섯 조목에 대한 부연으로, 군자의 배움은 하지 않으면 그만이거니와, 한다면 반드시 그 완성[成]이 필요[要]하다는 뜻이다. 그러므로 될 때까지 항상 노력해야 한다는 것이다. 학문이나 수행은 끈기와 인내가 바탕이 되어야 한다. 용기가 없거나 마음을 굳게 다지지 못한 자는 쉽게 포기해버리기 때문이다.

정자가 《중용》 서두에서 "이 책은 처음에는 한 이치를 말하고, 중간에 가서는 흩어져 만사가 되었고, 끝에 가서는 다시 합하여 하나의 이치가 되었다.[其書始言一理, 中散爲萬事, 末復合爲一理.]"라고 했는데, 이 장의 변화무쌍하고 치밀한 문장 구조를 염두에 두고 한 말이 아닌가 한다.

## 애공이 물은 것 20.1

애공이 정사를 물었다.

哀公問政.

## 정치는 사람이다 20.2

공자께서 말씀하셨다. "문왕과 무왕의 정사가 목판과 죽간에 펼쳐져 있으니, 그런 사람이 있으면 그 정치가 일어나게 되고, 그런 사람이 없으면 그 정치는 사그라질 것입니다.[1]

子曰: "文武之政, 布在方策, 其人存, 則其政擧. 其人亡, 則其政息.



## 정치란 갈대다 20.3

사람의 도는 정치에 민첩하고,[2] 땅의 도는 나무에 민첩하니, 무릇 정치라는 것은 갈대[3] 같습니다.[4]

---

1) 이 문장은 "이러한 군주가 있으면 이러한 신하가 있게 되고, 이러한 신하가 있으면 이러한 정사가 있다.[有是君, 有是臣, 則有是政矣.]"라는 뜻이다. 결국 정치를 일어나게도 하고 사그라지게도 하는 것은 사람이니, 사람이 문제라는 것이다. 이것이 바로 '인재론'의 기본 틀과 연관된다. 무왕의 탄생과 존재와 관련해 공맹孔孟의 유가 사상과 사마천, 황로黃老의 도가 사상을 견주어보자면 각각 주장하는 바가 다르다. 사마천은 상대의 포악함을 용납하지 않았기 때문에 덕으로 바꿔야 함을 내세웠고, 맹자는 만약 어짊과 올바름을 해치는 자라면 군주가 아니라 한낱 사내일 뿐이라고 했다.(《맹자》〈양혜왕梁惠王 하下〉)

人道敏政, 地道敏樹, 夫政也者, 蒲盧也.

## 사람이 정치하는 것 20.4

그러므로 정치를 하는 것은 사람에게 달려 있으니, 사람을 취함에 [군주 자신의] 몸으로써 하고,[5] 몸을 닦음에 도로써 하고, 도를 닦음에 인으로써 해야 합니다.[6]

---

2) 원문의 "민敏"을 번역한 것으로, 정현은 '힘쓸 면勉' 자와 같다고 보았고, 주희는 '빠를 속速'으로 풀이했다. 역자는 주희의 설을 따랐다.

3) 원문의 "포로蒲盧"를 번역한 것으로, 주희는 "심괄沈括의 설을 따라 갈대[蒲葦]라고 했다.[沈括以爲蒲葦是也.]"라고 풀이했다.

4) "사람이 정사를 세움은 마치 땅에 나무를 심는 것과 같아서 이루어짐이 빠르며, 갈대는 또 쉽게 자라는 물건이어서 이루어짐이 더욱 빠르다. 훌륭한 사람이 있으면 정사가 거행됨이 그 쉬움이 이와 같음을 말한 것이다.[以人立政, 猶以地種樹, 其成速矣, 而蒲葦又易生之物, 其成尤速也. 言人存政擧, 其易如此.]"(주희 설) 나무는 토질에 따라 잘 자라기도 하고, 시들어 말라버리기도 한다. 이것은 땅의 도에 따라 나무가 반응하는 것이니, 사람의 도 또한 정사에 따라 반응하는 것이요, 문왕이나 무왕 같은 훌륭한 인재가 있으면 정사가 거행되는 것이 이처럼 쉬움을 설명하고 있다.

5) 원문의 "취인이신取人以身"을 번역한 것으로, 공영달은 "명군이 현명한 사람을 취하고자 하여 먼저 자기 몸을 바르게 수양하면 현인이 이르는 것이다.[明君欲取賢人, 先以脩正己身, 則賢人至也.]"라고 했고, 주희는 "인人"을 현명한 신하[賢臣]로 보았고, "신身"은 군주의 몸[君身]을 가리킨다고 했으니, "[수신하는] 군주가 있으면 [현명한] 신하가 있으니 정사를 거행하지 않을 수 없다.[有君有臣, 而政無不擧矣.]"라고 했다.

6) 이는 앞 절의 "인도민정人道敏政"을 이어 말한 것이다. 인군人君이 정사를 함은 사람을 얻음에 있고, 사람을 취하는 법은 몸을 닦음에 있음을 말했으니, 그 몸을 인仁하게 하면 훌륭한 군주와 신하가 있어서 정사가 거행되지 않음이 없다는 것이다. 유학은 '인仁'을 가장 근본이자 핵심으로 여기는 사상이다. 인으로써 도를 닦고 수신할 수 있으니, 수신은 유학에서 모범이 되는 자세이다. 그리하여 사람을 취할 수 있고 정사를 할 수 있다는 것이다.

故爲政在人, 取人以身, 修身以道, 修道以仁.

## 인이란 사람이다 20.5

인이라는 것은 사람이니, 어버이를 친하게 여기는 것이 큰 것이 되고, 의라는 것은 마땅함이니, 어진 사람을 높여주는 것이 큰 것이 되니, 어버이를 친하게 여기는 것의 줄임[7]과 어진 사람을 높이는 등급[8]의 예가 생기는 바입니다.

仁者人也, 親親爲大. 義者宜也, 尊賢爲大. 親親之殺, 尊賢之等, 禮所生也.



## 윗사람의 믿음을 얻어야 하는 이유 20.6

아래 자리에 있으면서 윗사람의 [믿음을] 얻지 못하면, 백성을 얻어서 다스릴 수 없습니다.

---

7) 원문의 "쇄殺"를 번역한 것으로, '줄이다'는 뜻이니 '쇄'로 읽어야 한다. 여기서 '쇄殺'와 '등等'은 같은 개념인데, 줄인다는 것은 친족 관계에서 상복을 입거나 제사 지낼 때 부모님을 중심으로 조부모님에 대한 예를 덜 갖추는 식으로, 멀어질수록 느슨하게 하고 차등을 둔다는 의미다.

8) 원문의 "등等"을 번역한 것으로, 왕·제후·사대부의 지위에 따라 수레의 등급을 매긴 것이다. "존현지등尊賢之等"은 사회, 조정의 문제이다. 천자는 수레 덮개에 용무늬를 화려하게 수놓고, 제후와 왕은 봉황을 수놓는 것과 같다. 그래서 "친친지쇄親親之殺"가 '인仁'이고, "존현지등尊賢之等"이 '의義'다. 여기서 '의義'란 '마땅할 의宜'이고, '의宜'의 개념에 대해 주희는 "사물의 이치를 나누어 각자 저마다 마땅한 바가 있게 하는 것이다.[分別事理, 各有所宜也.]"라고 설명한다. '등급, 차등을 둔다'는 개념은 인도人道와 천리에서 크게 벗어나지 않는다.

在下位不獲乎上, 民不可得而治矣.

## 군자가 수양하는 이유 **20.7**

그러므로 군자는 자신을 수양하지 않을 수 없으니, 자신을 수양할 것을 생각한다면 어버이를 섬기지 않을 수 없으며, 어버이를 섬길 것을 생각한다면 사람을 알지 않을 수 없으며, 사람에 대해 알 것을 생각한다면, 하늘을 알지 않으면 안 될 것입니다."

故君子不可以不修身. 思修身, 不可以不事親. 思事親, 不可以不知人. 思知人, 不可以不知天."[9]

## 천하의 통달한 도 다섯 가지 **20.8**

천하에 통달한 도가 다섯인데 그것을 행할 수 있는 바는 셋이다. '군주와 신하요, 아버지와 아들이요, 남편과 아내요, 형과 아우요, 벗의 사귐'이니, 다섯 가지는 천하의 통달한 도다. 지·인·용 세 가지는 천하의 통달한 덕이니, 그것(통달한 도)을 행하는 까닭은 매한가지다.

天下之達道五, 所以行之者三. 曰君臣也, 父子也, 夫婦也, 昆弟也, 朋

9) "정치하는 것은 사람에게 달려 있다.[爲政在人]."라는 말처럼 '수신'이 먼저이고, 그다음이 '사친'이며, 다음이 '지인', 다음이 '지천'이다. 수신과 사친은 나에 대한 것으로, 수신과 제가에 해당하며, 지인과 지천은 치국과 평천하에 해당한다. 특히 자신을 닦는 것을 핵심으로 삼는다.

友之交也. 五者天下之達道也, 知仁勇三者, 天下之達德也, 所以行之者一也.

## 아는 것의 등급 **20.9**

어떤 사람은 태어나면서 그것을 알고, 어떤 사람은 배워서 그것을 알며, 어떤 사람은 곤궁해서 그것을 알게 되니,[10] 그것을 아는 데에 이르러서는 매한가지다.[11] 어떤 사람은 편안하게 그것을 행하며, 어떤 사람은 이롭게 여겨서 그것을 행하며, 어떤 사람은 억지로 힘써서 그것을 행하니, 그 공을 이룸에 이르러서는 매한가지다.[12]

或生而知之, 或學而知之, 或困而知之, 及其知之一也. 或安而行之, 或利而行之, 或勉強而行之, 及其成功一也.



10) 원문의 "혹곤이지지或困而知之"를 번역한 것으로, 이에 대해 정현은 "장성해서 예의의 일을 보고서 자기가 그것에 임하여 부족함이 있고 나서야 비로소 배워 그것을 아는 것이다.[謂長而見禮義之事, 己臨之而有不足, 乃始學而知之.]"라고 했고, 공영달은 "일에 임하여 곤궁함이 있은 뒤에 배워서 곧 아는 것이다.[臨事有困, 由學乃知.]"라고 했다.

11) 단계를 말하는 것으로, 생이지지生而知之는 가장 높은 사람들이고, 학이지지學而知之는 영민한 사람들이고, 곤이지지困而知之는 가장 낮은 등급의 사람을 말한다. 여기서 중요한 것은 '행行'하는 데에 있다는 뜻이다. 편안하게 그것을 하는 사람이 있고, 이롭게 여겨서 이기적인 마음으로 하는 사람도 있으며, 남이 시켜서 억지로 힘써서 하는 사람도 있다. 품부를 받은 상황에 맞게 도에 도달하려는 의지를 보인 것이며, 결과는 같다는 말이다.

12) 원문의 '아는 바[知之]'와 '행하는 바[行之]'는 '달도達道'이다. 분별하여 말하자면 아는 바는 지智요, 행하는 바는 인仁이다. 그것을 알고 공功을 이루어 하나가 됨을 용勇이라 한다. 등급으로 말하면 생지生知와 안행安行은 지知이고, 학지學知와 이행利行은 용勇이다.(주희 설)

## 지, 인, 용의 바탕 20.10

공자께서 말씀하셨다.

"배우기를 좋아하면 지혜로움에 가까워지고, 힘써 행하면 인에 가까워지고, 치욕을 알면 용기에 가까워진다.[13]

子曰: "好學近乎知, 力行近乎仁, 知恥近乎勇.

## 세 가지를 알아야 하는 이유 20.11

이 세 가지를 알면[14] 곧 자신을 수양하는 까닭을 아는 것이요, 자

---

13) 이 구절은 달도達道에 미치지 못하여 덕에 들어가기를 구하는 일을 말한 것이다. 윗글의 삼지三知(생지生知·학지學知·곤지困知)는 지智가 되고, 삼행三行(안행安行·이행利行·면행勉行)은 인仁이 됨을 살펴보면, 이 세 가지 가까움은 용勇의 다음이다.(주희 설) 어리석은 자는 스스로 옳다 여기고 구하지 아니하며, 스스로를 사사롭게 여기는 자는 인욕人欲을 따라 돌아올 줄 모르며, 나약한 자는 남의 아래가 되기를 달게 여기고 사양하지 않는다. 그러므로 호학好學은 지智가 아니지만 족히 어리석음을 깨뜨릴 수 있고, 역행力行은 인仁이 아니나 족히 사사로움을 잊을 수 있고, 지치知恥는 용勇이 아니나 족히 나약함을 일으켜 세울 수 있다.(여대림 설)

14) 원문의 "지사삼자知斯三者"를 번역한 것으로, 여기에서 "삼자三者"란 삼근三近으로, '호학好學'과 '역행力行'과 '지치知恥'를 말한다. 이 세 가지가 수신의 전제조건이다. 다른 사람을 기준으로 헤아려 천하와 국가를 다스리는 데 최선을 다하는 것이다. 이것으로써 윗글의 수신이 뜻하는 바를 맺고, 다음 글에서 이야기하는 구경九經의 단서를 일으킨다. 천하와 국가를 다스리는 데 근본은 수신이다. 《중용》에서 거듭 밝히고 있듯이 유가에서는 '나[己]'를 기준으로 세상의 온갖 존재와 일 따위가 뻗어가는 것으로 여긴다. '수신제가치국평천하'의 '평천하', '치국', '제가' 모두 수신에서 비롯된다는 의미다. 법가에서는 만물은 '나'를 버리는 것에서부터 나아갈 수 있다고 본다. 즉, 좋아하는 것도 버려두고, 미워하는 것도 버려두어야[去好去惡] 한다. '나'라는 주관을 최소화하고, 개인의 울타리에서 벗어나야 한다는 주의다.

신을 수양하는 까닭을 알게 되면 곧 사람을 다스리는 까닭을 알게 되며, 사람을 다스리는 방법을 알면 곧 천하와 국가[15]를 다스리는 까닭을 아는 것이다."[16]

知斯三者, 則知所以修身, 知所以修身, 則知所以治人, 知所以治人, 則知所以治天下國家矣."

## 천하와 국가를 위한 아홉 가지 준칙 **20.12**

무릇 천하와 국가를 위해서는 아홉 가지 준칙[17]이 있으니, 자신



15) 원문의 "국國"은 제후나 왕의 나라를 말하며, "가家"는 대부가 다스리는 나라를 의미한다.

16) 수신의 방법으로 효제신孝弟信이 있는데, 유가에서는 이것으로 국가를 다스릴 수 있다고도 보았다. 이론적으로는 가능하지만, 실질적으로는 힘들다. 법가에서는 국가를 다스리는 방법을 동일 선상에 놓고 보지 않는다. 오히려 서로 도움이 안 된다. 나라를 잘 다스리는 사람은 역설적으로 불효不孝, 부제不弟, 불신不信해야 한다고 보았다. 유가에서는 작은 것을 다스려서 큰 것을 다스려야 한다고 말하지만, 법가에서는 작은 것을 버려야 큰 것을 이룰 수 있다고 한다.

17) 원문의 "구경九經"을 번역한 것이다. "경經"은 '떳떳할 상常'과 같다. 구경은 '수신修身', '존현尊賢', '친친親親', '경대신敬大臣', '체군신體群臣', '자서민子庶民', '래백공來百工', '유원인柔遠人', '회제후懷諸侯'를 가리킨다. "천하와 국가를 다스리는 데 이 아홉 가지 떳떳함[九經]이 있다. 천하와 국가의 근본은 몸에 있기 때문에 수신이 구경의 근본이다. 반드시 스승을 친히 하고[親師], 벗을 취한[取友] 연후에야 수신의 도가 나아가기 때문에 존현은 그다음이요, 도의 나아가는 바가 제 집안보다 앞서는 것은 없기 때문에 친친은 그다음이요, 집안으로 말미암아 조정에까지 미치기 때문에 경대신과 체군신이 그다음이요, 또한 조정을 잘 다스려야 나라에 미치는 것이기 때문에 자서민, 래백공이 그다음이고, 나라를 잘 다스려야 천하에까지 미치는 것이니 유원인과 회제후가 그다음이니, 이것이 구경의 질서이자 차례이다."(여대림 설)

을 수양하는 것, 어진 사람을 존중하는 것, 친한 사람을 가까이 여기는 것, 대신을 존경하는 것, 여러 신하를 살피는 것,[18] 서민을 사랑하는 것,[19] 모든 장인을 오게 하는 것, 먼 곳에 있는 사람을 달래는 것,[20] 제후들을 포용하는 것[21]을 말한다.

凡爲天下國家有九經, 曰: 修身也, 尊賢也, 親親也, 敬大臣也, 體群臣也, 子庶民也, 來百工也, 柔遠人也, 懷諸侯也.

## 천하가 공경하고 두려워하게 하는 법 **20.13**

자신을 수양하면 도가 확립되고, 어진 사람을 존중하면 미혹되지 않고,[22] 친한 이를 친히 여기면 여러 아버지[23]와 형제가 원망하지 않고, 대신을 공경하면 [일 처리가] 어지럽게 되지 않고, 여러 신하를



18) 원문의 "체體"를 번역한 것으로, 주희는 "자신이 그 처지에 처함을 생각하여 그 마음을 살피는 것[設以身處其地而察其心]"이라 했고, 정현은 "여러 신하를 자기의 몸처럼 여겨 받아들이는 것[接納群臣與之同體也]"으로 풀이했다.

19) 원문의 "자子"를 번역한 것으로, '사랑 애愛'와 같은 의미다. 부모가 마치 자식을 사랑하듯이 애틋한 마음이며, 서민을 사랑할 때 이해관계나 조건 없이 애정을 줘야 한다는 의미다.

20) 원문의 "유柔"를 번역한 것으로, 제후들과 싸우지 않고 품는다는 뜻이다.

21) 원문의 "회제후懷諸侯"를 번역한 것이다.

22) 원문의 "불혹不惑"을 번역한 것으로, 공영달은 "현명한 사람이 보필하기 때문에 일에 임하는 데 미혹됨이 없고 도모한 바가 잘 되는 것이다.[以賢人輔弼, 故臨事不惑, 所謀者善也.]"라 했고, 주희는 '이치에 의심됨이 없는 것[不疑於理]'으로 보았으며, 정약용은 '도에 의혹됨이 없는 것[不惑於道]'이라고 했다.

23) 원문의 "제부諸父"를 번역한 것으로, 내 아버지를 제외한 아버지인 백부와 숙부를 말한다.

살피면 선비가 예를 보답하는 것이 무겁고, 서민을 사랑하면 백성이 힘쓰게 되고, 모든 장인을 오게 하면 재물의 쓰임이 풍족해지고, 먼 곳에 있는 사람을 달래주면 사방에 있는 사람들이 그에게 귀의하고, 제후들을 포용하면 천하가 외경하게 된다.[24)]

修身則道立, 尊賢則不惑, 親親則諸父昆弟不怨, 敬大臣則不眩, 體群臣則士之報禮重, 子庶民則百姓勸, 來百工則財用足, 柔遠人則四方歸之, 懷諸侯則天下畏之.

## 제후를 품어주는 방법 **20.14**

재계하여 [몸과 마음을] 깨끗이 하고, 복장을 성대히 하고, 예가 아니면 행동하지 않는 것은[25)] 자신을 수양하는 방법이다. 남 헐뜯는 말을 버리고 여색을 멀리하며, 재물을 천시하고 덕을 귀하게 여기는 것은 어진 사람을 격려하는 방법이요, 그 지위를 높여주고, 그 봉록을 무겁게 해주고, 그 좋아하고 싫어함을 함께하는 것은 어버



24) 멀리 떨어진 사람들은 피해 의식이 있으므로 달래주어야 한다. 천자가 싫어하는 제후를 공격하는 대신 품어주면 천하가 외경하게 된다. 유가에서는 부모가 자식을 사랑하듯이 사랑하여 백성이 저절로 권면하게 해야 하며, 기다려주어야 함을 말한다. 유가는 멀리 보고 덕화德化를 하라고 하지만, 법가는 이에 반대한다. 법가는 법으로 구속, 인위적으로 이루게 한다는 입장이다. '법은 귀함에 아첨하지 않는다.[法不阿貴.]'라는 뜻으로, 법으로 백성을 통제해야 하며, 각박한 세상이기에 기다리지 못함을 말한다.

25) 원문의 "비례부동非禮不動"을 번역한 것으로, 《논어》〈안연〉 12.1편에서 "예가 아니면 보지 말고, 예가 아니면 듣지 말며, 예가 아니면 말하지 말고, 예가 아니면 움직이지 말라.[非禮勿視, 非禮勿請, 非禮勿言, 非禮勿動.]"라는 것과 같으며, 수신의 기본이다.

이를 친하게 여기도록 격려하는 것이다.[26] 관리가 많아서 사령을 마음대로 부리는[27] 대신을 권면하는 것이요, 충신으로 대하고[28] 봉록을 많이 줌은 선비를 권면하는 것이요, 철에 따라 부역을 시키고 세금을 적게 거둠은 백성을 권면하는 것이요, 날로 살피고 달로 시험하여 창고의 녹봉을 일에 맞추어 함[29]은 여러 장인을 권면하는 것이요, 가는 이를 전송하고 오는 이를 맞이하며, 잘하는 이를 아름답게 여기고 능하지 못한 이를 가엾게 여기는 것은 먼 곳의 사람을 회유하는 것이요, 끊어진 세대를 이어주고 무너진 나라를 세워주며, 어지러움을 다스리고 위태로움을 붙들어주며, 조회와 빙문을 때에 따라 하며 가는 사람에게는 후하게 해주고 오는 사람에게는 박하게 하는 것은 제후들을 품어주는 방법이다.

齊明盛服, 非禮不動, 所以修身也. 去讒遠色, 賤貨而貴德, 所以勸賢也. 尊其位, 重其祿, 同其好惡, 所以勸親親也. 官盛任使, 所以勸大臣也.




26) 재계하고 깨끗이 하며 복장을 갖추어 입는 것은 예를 차리는 것으로, 예가 아니면 행동하지 않는 것이다. 참언을 버리고 여색을 멀리하고, 재화를 낮게 하고, 덕을 귀하게 여기는 것은 어진 사람을 권면하는 까닭이다. 원문의 "권勸"은 앞에서의 '존尊'과 같다. 지위를 높여주고, 봉록을 무겁게 해주고, 좋아하고 싫어함을 함께하는 것은 어버이를 친하게 여기는 것을 권면하는 것이다.

27) 원문의 "임사任使"를 번역한 것으로, 정약용은 "현명한 이에게 맡기고 능력 있는 이에게 시키는 것이다.[任賢而使能也.]"라고 했다.

28) 원문의 "충신忠信"을 번역한 것으로, 주희는 정성스럽게 대하는 것[待之誠]으로 보았고, 정약용은 "충忠"은 임금에게 충심으로 하는 것[忠於君也]이고, "신信"은 신실한 마음으로 공직에 봉사하는 것[以實心奉公也]이라고 풀이했다.

29) 원문의 "희름칭사旣稟稱事"를 번역한 것으로, 주희에 따르면 '기旣' 자는 여기에서 '희餼' 자로 읽으니, 희름餼廩은 관리들의 녹봉을 말한다. '稟'은 '廩'과 동의어이다. 역자는 '창고의 녹봉을 일에 맞추다'라고 풀이했다.

忠信重祿, 所以勸士也. 時使薄斂, 所以勸百姓也. 日省月試, 旣稟稱事, 所以勸百工也. 送往迎來, 嘉善而矜不能, 所以柔遠人也. 繼絶世, 擧廢國, 治亂持危, 朝聘以時, 厚往而薄來, 所以懷諸侯也.

## 행하는 바는 한 가지 **20.15**

무릇 천하와 국가를 위해서는 아홉 가지 준칙이 있으니, 그것을 행하는 까닭이란 한 가지[30]다.[31]

凡爲天下國家有九經, 所以行之者一也.

## 미리 하라 **20.16**



무릇 일[32]은 미리 하면 서게 되고, 미리 하지 않으면 없어지니, 말이 미리 정해지면 막힘이 없고, 일이 앞서서 정해지면 곤궁하지 않고, 행동이 앞서서 정해지면 병들지 않고, 도가 앞서서 정해지면 궁색해지지 않게 된다.[33]

---

30) 원문의 "일一"을 번역한 것으로, 정현은 '마땅히 미리 하는 것[當豫]'이라 하고, 주희는 '성실[誠也]'이라 하여 한 가지라도 성실하지 않으면 구경은 모두 헛된 것이라고 했다. 천하와 국가를 다스릴 때 아홉 가지의 떳떳함, 즉 구경이 있으니, 한 가지라도 소홀히 할 수 없다고 했다.

31) 이 문장에 대해 정약용은 "구경九經에 대한 구절은 지위를 얻고 도를 행한 자를 위해 그 방법을 진술한 것이다.[九經一節, 爲得位行道者陳其數也.]"라고 했고, 다음 20.17편에 나오는 '재하위在下位'의 구절은 "지위를 얻지 못한 자를 위해 그 의義를 설명한 것이다.[爲不得位者說其義也.]"(《중용자잠》)라고 했다.

凡事豫則立, 不豫則廢, 言前定則不跲, 事前定則不困, 行前定則不疚, 道前定則不窮.

## 믿음의 존재 이유 **20.17**

아래 자리에 있으면서 윗사람의 [믿음을] 얻지 못하면, 백성을 얻어서 다스릴 수 없다. 윗사람에게 [신임을] 얻는 데에 도가 있으니, 벗에게서 믿음을 얻을 수 없으면 윗사람에게 [신임을] 얻지 못할 것이다. 벗에게 [믿음을] 얻는 데에 도가 있으니, 어버이에게 순종하지 않으면 벗에게 믿음을 얻지 못할 것이다. 어버이에게 순종함에 도가 있으니, 자신을 돌이켜보아 성실하지 않으면[34] 어버이에게 순종하지 않을 것이다. 몸을 성실히 하는 것에 도가 있으니, 선을 밝히지 않으면[35] 자신에게 성실하지 않을 것이다.



32) 원문의 "범사凡事"를 번역한 것인데, 범사는 달도達道, 달덕達德, 구경九經의 무리를 가리킨다.(주희 설) 범사는 성실함을 바탕으로 한다. 보통의 사람이 요행을 바라며 안일하게 살아가는 태도를 보이고 결과를 중요시하고 과정과 근본을 가벼이 여기는 것은 어리석은 행동이다. 눈앞의 것만 중요하게 여기고 멀리 보는 변별력이 부족한 것이다. 준비된 자만이 좋은 결실을 얻을 수 있으며, 노력 없이는 좋은 결과 또한 얻지 못한다.

33) 미리 하지 않으면 '없어짐[廢]', '넘어짐[跲]', '곤궁함[困]', '병듦[疚]', '궁색해짐[窮]'의 다섯 가지 사태가 벌어지므로 미리미리 해야 한다.

34) 원문의 "반저신불성反諸身不誠"을 번역한 것으로, 이 문장의 핵심이다. 자신이 성실한지 불성실한지 돌이켜보는 것이다.

35) 원문의 "성신유도誠身有道, 불명호선不明乎善"을 번역한 것으로, 이에 대해 주희는 "성신은 곧 《대학》의 '성의'이고, 명선은 《대학》의 '치지'이다.[誠身卽大學誠意, 明善卽大學致知.](《상설詳說》)"라고 했다.

在下位不獲乎上, 民不可得而治矣. 獲乎上有道. 不信乎朋友, 不獲乎上矣. 信乎朋友有道. 不順乎親, 不信乎朋友矣. 順乎親有道, 反諸身不誠, 不順乎親矣. 誠身有道, 不明乎善, 不誠乎身矣.

## 성실함이란 **20.18**

성실함은 하늘의 도요, 그것을 성실히 하려는 것은 사람의 도이니, 성실함이란 힘쓰지 않아도 [도에] 들어맞으며, 생각하지 않아도 [도를] 터득하며, 조용한 가운데에서도 도에 맞으니, 성인의 경지이다. 성실히 하려는 것은 선을 택하여 굳게 잡는 것이다.[36)]

誠者, 天之道也. 誠之者, 人之道也, 誠者, 不勉而中, 不思而得, 從容中道, 聖人也. 誠之者, 擇善而固執之者也.



## 성실한 자의 조건 다섯 가지 **20.19**

[성실하려는 자는] 널리 배우고, 자세히 물으며, 신중하게 생각하고,

36) 성신誠身에 대해 말한 장이다. '성誠'이란 '진실하고 망령됨이 없는 것[眞實無妄]'이니 하늘의 도이고, '성지誠之'는 '진실하고 망령됨이 없고자 하는 것[欲眞實無妄之]'이니 사람의 도이다. 성인의 경지에 이르지 못하면 인욕人慾의 사사로움 때문에 그의 덕이 진실할 수 없다. 그러므로 생각하지 않고 알 수가 없어서 반드시 선善을 택한 뒤에야 선을 밝게 알 수 있고, 힘쓰지 않고 도道에 맞을 수가 없어서 반드시 굳게 잡아 몸을 성실히 하는 것이 사람의 도이다.(주희 설) 성실한 사람은 억지로 하지 않아도 들어맞고, 일부러 생각하지 않아도 터득하고, 말없이 가만히 있어도 도에 맞는다. 이처럼 성실한 사람을 성인의 반열에까지 끌어올렸다.

분명하게 변별하며, 독실하게 행한다.[37]

博學之, 審問之, 愼思之, 明辨之, 篤行之.

## 배움, 생각, 질문, 분별, 실행의 효과 **20.20**

배우지 않을지언정 배우는데도 능숙해지지 않으면 그만두지 않는다. 질문하지 않을지언정 질문하는데도 알지 못하면 그만두지 않는다. 생각하지 못할지언정 생각하는데도 터득하지 못하면 그만두지 않는다. 분별하지 못할지언정 분별하는데도 분명하지 않으면 그만두지 않는다. 실행하지 않을지언정 실행하는데도 독실하지 않으면 그만두지 않는다. 다른 사람이 한 번에 [제대로] 할 수 있다 해도 나는 백 번이라도 하며, 다른 사람이 열 번에 할 수 있다 해도 나는 천 번이라도 한다.

有弗學, 學之弗能弗措也. 有弗問, 問之弗知弗措也. 有弗思, 思之弗得弗措也. 有弗辨, 辨之弗明弗措也. 有弗行, 行之弗篤弗措也. 人一能之己百之, 人十能之己千之.




37) "이 문장은 성실하게 하려는 자의 조목으로, '배우고, 묻고, 생각하고, 분별함'은 선을 택하는 것으로써 '지知'가 되니 배워서 아는 것이다. '독행篤行'은 굳게 잡는 것으로써 '인仁'이 되니, 이롭게 여겨 행하는 것이다. 정자程子는 '이 다섯 가지 중 한 가지가 없어져도 학문이 아니다'라고 했다.[此誠之之目也. 學·問·思·辨, 所以擇善而爲知, 學而知也. 篤行, 所以固執而爲仁, 利而行也. 程子曰: '五者廢其一, 非學也.']"(주희 설)라고 했는데 학문을 하는 데 주요한 조목이다.

## 어리석어도 명철해지고 부드러워도 강해진다 **20.21**

과연 이러한 방법대로 할 수 있다면, 비록 어리석어도 반드시 명철해지고, 비록 부드러울지라도 반드시 강해질 것이다.

果能此道矣, 雖愚必明, 雖柔必強.

제21장

# 하늘의 도와 사람의 도

【해설】

자사가 공자의 천도天道와 인도人道에 대해 덧붙여 설명한 장으로, 제21장부터 제32장에 이르는 열두 장 가운데 첫 번째 장이다. 즉, 열두 장 모두 자사의 말씀으로, 《중용》의 핵심인 '성誠'에 대해 집중적으로 논하여 대의를 반복하여 밝히고 있으며, 천도와 인도를 번갈아가며 말하고 있다.

제21장은 앞 장에서 다룬 '명선明善'과 '성신誠身'을 이어받아 말한 것으로 하늘에서 사람으로 내려오는 하향적 관점에서의 '성性'과 사람에서 하늘로 올라가는 상향적 관점의 '교敎'에 관한 설명이 핵심을 이룬다. 특히 "자성명自誠明"이란 구句에 주목해야 하는데, 명선을 통해 성신에 이르는 것을 의미한다. 성실하면 명철해질 수밖에 없고, 명철해지면 성실함에 이른다는 것이다.

성실함으로 말미암아 명철해지는 것을 일컬어 '본성[性]'이라고 한다. 명철함으로 말미암아 성실해지는 것을 일컬어 '가르침[教]'이라고 한다. 성실하면 명철해지고, 명철하면 성실해진다.

自誠明, 謂之性, 自明誠, 謂之教, 誠則明矣, 明則誠矣.

제22장

# 지극히 성실해야 본성을 다하게 된다

【해설】

이 장은 천도天道를 말한 것으로, 진실로 가득 찬 성인의 덕을 의미하는 '지성至誠'에 관한 장이다. '지성至誠'이란 천하의 지극한 성으로, 성인의 덕이 성실하여 천하에 더할 것이 없다는 주희의 해설이 적절하다. 정약용은 '진기성盡其性'에 대해 "자신을 닦아 지극한 선에 이르는 것[修己而至於至善也](《중용자잠》)"이라고 했는데, 덕이란 성실하지 않음이 없기 때문에 욕심의 사사로움이 없어 천명을 살필 수 있는 근거가 된다.

오직 천하의 지극한 성실함[을 지닌 사람]이라야 그 본성을 다할 수 있다. 그 본성을 다할 수 있다면 다른 사람의 본성을 다할 수 있다. 다른 사람의 본성을 다할 수 있다면 만물의 본성을 다할 수 있다. 만물의 본성을 다 드러낼 수 있다면 천지가 [만물을 만들어] 교화하고 기르도록 도울 수 있다. 천지가 [만물을 만들어] 교화하고 기르도록 도울 수 있다면 천지와 더불어 참여[1)]할 수 있을 것이다.

唯天下至誠, 爲能盡其性, 能盡其性, 則能盡人之性, 能盡人之性, 則能盡物之性, 能盡物之性, 則可以贊天地之化育, 可以贊[2)]天地之化育, 則可以與天地參矣.



1) 원문의 "참參"을 번역한 것이다. 이것을 '셋'이라고 번역하기도 하는데, 공영달의 관점이다. 즉, 천지가 둘이고 성인이 셋에 해당한다는 것이다.

2) 원문의 "찬贊"은 "도울 조助" 자와 같다는 주희의 설이 타당하다.

제23장

# 마음속에 쌓인 덕

【해설】

이 장은 인도人道의 관점에서 말한 것으로 "치곡致曲"이란 단어가 핵심어다. 이 장은 해석하기가 매우 어려운데 바로 이 "치곡"이란 단어를 어떻게 풀이하는가 하는 문제에 달려 있다. 최석기의 지적처럼, 자신의 마음속에 쌓인 덕이 '형形·저著·명明·동動·변變·화化'의 과정을 거쳐 겉으로 드러나 다른 사람에게 영향을 미쳐 그 사람의 마음을 어떻게 온전하게 변화하게 하는지를 꼼꼼하게 말한 것이다. 특히 이 장의 맨 마지막 단락의 의미에 주목해야 한다. 지극히 성실해야만 드러남과 뚜렷해짐과 밝음과 감동과 변함과 교화가 진행될 수 있으니, 바로 지성至誠의 오묘함이야말로 성인과 전혀 다르지 않다.

그다음은[1] [선한] 한쪽으로 치우친 것을 지극히 하는 것[2]이니, 한쪽으로 치우친 것을 [지극히 하면] 성실할 수 있고, 성실하면 드러나고, 드러나면 뚜렷해지고,[3] 뚜렷해지면 밝게 되고, 밝아지면 감동하게 되고,[4] 감동하게 되면 변하게 되고, 변하게 되면 교화하게 될 수 있으니,[5] 오직 천하의 지극히 성실한 사람이라야 교화할 수 있다.

其次致曲, 曲能有誠, 誠則形, 形則著, 著則明, 明則動, 動則變, 變則化, 唯天下至誠爲能化.

1) 원문의 "기차其次"를 번역한 것으로, 앞 장의 성실함이 지극한 자의 다음을 뜻하며 성실함이 지극하지 못한 자를 포괄적으로 이르는 말이다.

2) 원문의 "치곡致曲"을 번역한 것이다. 주희는 "곡曲"을 한쪽으로 치우친다[一偏]는 의미로 풀이했다. 그런데 정현은 '소소한 일[小小之事]'로 풀이했으며, 정약용은 '만 가지 일과 만 가지 사물[萬事萬物]'이라는 의미로 풀이했다. 정약용의 풀이에 따라 '만물을 하나도 빠뜨림이 없이'라고 번역해도 무방하다. 한편 역자는 "곡曲"의 의미를 제8장의 "중용에서 택하여 하나의 선을 얻으면 정성스러운 모양으로 가슴속에 잘 담아두어 그것을 잃지 않았다.[擇乎中庸, 得一善, 則拳拳服膺而弗失之矣.]"라고 한 구절로 볼 때 중용을 택한 것을 전제로 그 선한 한쪽을 지극히 키워나가는 의미로 보았다.

3) 원문의 "형즉저形則著"를 번역한 것이다. '저著'는 속에 있는 것이 겉으로 드러나 또렷해진다는 의미다. 주희는 '현顯' 자로 보았다.

4) 원문의 "명즉동明則動"을 번역한 것으로, '명明'은 빛이 나서 바깥으로 발산되는 것이다.

5) 원문의 "변즉화變則化"를 번역한 것이다. '변變'이란 악惡을 고쳐서 선하게 만드는 과정으로, 바뀌는 정도가 과거의 흔적까지 없어져버리는 것을 의미한다. '화化'는 변화하는 것이 오래 이어져 본성마저 선하게 바뀐다는 의미를 담고 있다. 즉, 완전히 변화하여 옛날의 모습이 사라져버린다는 주희의 해석이 타당성이 있다.

제24장

# 지극한 성실함은 신처럼 작용한다

【해설】

이 장은 지성至誠을 지닌 성인의 관점에서 천도를 말하고 있다. 모든 이치는 겉으로 보이지 않으나 미리 드러남이 있으니, 무슨 일이든 지극히 신중하고 조심하면 그 기미나 조짐을 미리 알아차릴 수 있다는 것이다. 큰 사건이나 사고는 우연히 어느 순간 갑작스레 발생하는 것이 아니라 그 전에 작은 사고가 반복되는 과정에서 발생한다는 것을 밝힌 '하인리히의 법칙(Heinrich's Law)'이 있다. 또 《한비자》의 〈유로喩老〉 편에서도 "어려운 것을 도모할 때는 쉬운 것에서 시작하고, 큰 것을 하고자 할 때는 작은 것에서 시작한다. 천 장이나 되는 제방도 땅강아지와 개미구멍 때문에 무너지고, 백 척이나 되는 집도 굴뚝 틈새의 불씨로 인해 잿더미가 된다.[圖難於其易也, 爲大於其細也. 千丈之隄, 以螻蟻之穴潰; 百尺之室, 以突隙之煙焚.]"라고 했다.

모든 일에서 사심이 없게 하고 지극히 성실히 하면 그 조짐을 알아 신처럼 작용한다고 말한다.

지극히 성실한 도는 앞일을 [미리] 알 수 있다. 국가가 장차 흥하려고 하면 반드시 상서로운 조짐[1]이 있고, 국가가 장차 망하려고 하면 반드시 요사스러운 재앙[2]이 있어 [이는] 시초점과 거북점에서 나타나고, 온몸에서 움직임으로 나타난다.[3] [그래서] 화와 복이 장차 이르면 좋은 것[善]은 반드시 그것을 먼저 알게 되며, 좋지 못할 것[不善]도 반드시 그것을 먼저 알게 된다. 그러므로 지극한 성실함은 신처럼 작용한다.[4]

至誠之道, 可以前知. 國家將興, 必有禎祥, 國家將亡, 必有妖孽, 見乎蓍龜, 動乎四體. 禍福將至, 善必先知之, 不善必先知之, 故至誠如神.



1) 원문의 "정상禎祥"을 번역한 것으로, 복의 조짐을 뜻한다.

2) 원문의 "요얼妖孽"을 번역한 것으로, 화의 싹을 뜻한다.

3) 원문의 "동호사체動乎四體"를 번역한 것인데, 공영달은 [점]괘의 조짐이 거북의 사지에서 발동된다고 보았다. 이에 비해 주희는 '사체'를 사람의 사지로 보아 동작하고 거동하는 의미로 해석했다. 정현은 "거북의 네 발을 일컬으니, 봄에는 뒤의 왼발로 점을 치고, 여름에는 앞의 왼발로 점을 치고, 가을에는 앞의 오른발로 점을 치고, 겨울에는 뒤의 오른발로 점을 친다.[四體, 謂龜之四足, 春占後左, 夏占前左, 秋占前右, 冬占後右.]"라고 했다. 필자는 주희의 견해에 따랐다.

4) 원문의 "지성여신至誠如神"을 번역한 것으로, '진실무망眞實無妄'과 통하는 말이다. 이는 사람의 사사로움이 없는 오관五官 밖에 있는 육감六感을 말한다.

제25장

# 성실함에 대하여

【해설】

제25장은 최석기의 지적처럼, 제1절을 '성자자성誠者自成'으로 시작하여 천도의 입장에서 말하고 있으나, 그다음 구절의 '도자도道自道'는 목표를 향해 스스로 걸어가야 할 길이므로 뒤쪽을 염두에 두어야 한다.

제2절의 '성자물지종시誠者物之終始'는 주희의 주석에서 보듯 모든 생명체가 태어나면서부터 죽을 때까지 관통하고 있는 실제의 이치다. 제3절은 자신의 마음이 진실하고 거짓이 없으면 자기 완성은 물론이고, 남에게도 영향을 미쳐 주위 사람들도 완성시키는 성인의 공능功能이 있다고 말한다. 이 과정에서 시의성과 중中과 화和의 조화는 반드시 필요하다.

성실함[誠]은 자신을 이루게 하고 결국 만물, 즉 남에게까지도 미치게 되는데, 이는 모두 나의 본성에 본래 그러한 것이 있어서 안과 밖의 분별이 없기 때문이다. 유가 학문의 핵심은 '위기지학爲己之學'으로, 공부는 반드시 나에게서 시작됨을 강조한 말이지만, 결국 나에게서 시작된 것이 남에게도 똑같이 적용되고, 남을 위해 쓰이는 것을 뜻하는 것이다. "공부工夫"란 원래 노력과 시간을 쏟아 어떤 일을 하거나, 이러한 과정을 거쳐 얻게 된 결과나 조예를 의미하는 말이었다. 그러나 송 대의 성리학자들은 이 말을 도덕적 실천과 수양을 의미하는 용어로 사용했다.

## 성실함과 도의 차이 25.1

성실함이란 스스로 이루는 것이요, 도는 스스로 이끌어가는 것[1]이다.

誠者自成也, 而道自道也.

## 만물의 처음이자 끝이 성실함이다 25.2

성실함[2]이란 만물의 끝과 시작이니,[3] 성실하지 않으면 [어떤] 만물도 없게 된다. 그러므로 군자는 성실함을 귀하게 여긴다.

誠者物之終始, 不誠無物. 是故君子誠之爲貴.



1) 원문의 "자도自道"를 번역한 것으로, 여기서 "도道"는 인도하다[導]는 뜻이다. 스스로 행하는 것으로 해석할 수도 있다.

2) 원문의 "성誠"을 번역한 것으로, 여기서는 사물이 그 시작에서 끝으로 이르게 되는 생생生生의 도道를 뜻한다. 즉, 성誠은 천도天道로서, 이 천도가 없으면 사물은 존재할 수 없다. '지성이면 감천이다.'라는 말이 있듯이 지극한 성실함으로 시작하여 지극한 성실함으로 마무리하는 것이다. 성실을 방해하는 것으로는 요행이나 첩경을 들 수 있다. 성실하지 못한 일은 '유종의 미'를 거두기 어렵다.

3) '성誠'은 어떤 일에 집중해 그 일을 움직이게 한다. 동動은 시간이고, 사물은 시간의 변화 과정을 겪고서야 이루어진다. 그 과정이 사물의 시작이요 끝이다. 성은 사물의 시작에서부터 이루어지는 끝까지 간단없이 그 사물에 깃들어서 움직이게끔 한다. 이것이 "성자물지종시誠者物之終始"이다.(김충열 설)

## 성실함의 효과 25.3

성실함은 스스로 자신을 이루게 할 뿐만 아니라 만물을 이루게 하는 까닭이다. 자신을 이루게 하는 것은 인이고, 만물을 이루게 하는 것은 지혜로움이다. [이는] 성실함의 덕이니, 안과 밖을 합하는 도이다. 그러므로 때에 맞게 조처하는 것이 마땅하다.

誠者非自成己而已[4]也, 所以成物也. 成己, 仁也, 成物, 知也. 性之德也, 合內外之道也, 故時措之宜也.



4) 원문의 "이이而已"는 허사로 쓰인 것으로 단정의 의미가 있다. 이것을 실사로 보아 '그치게 할 뿐'으로 해석하기도 하는데, 이는 잘못된 번역이다.

제26장

# 하늘의 도에 관하여

【해설】

이 장은 대체로 천도를 말하는데, 문장이 상당히 길며 크게는 세 단락으로 나뉘고, 세분해보면 열 절이다. 김근행의 요지를 참고해볼 때, 제1절은 이 장의 주제어인 '지성무식至誠無息'을 앞 장에 이어서 말하고, 제2절부터 제6절까지는 성인이 '성誠'을 지속하여 그 덕이 밖으로 드러나 징험이 되는 과정을 펼쳐나가고 있다. 제7절에서 제9절까지는 천지의 일을 설명하고 마지막 제10절에서 성인의 일과 천지의 일을 하나로 귀결하고 있다.

그런데 특히 눈여겨볼 대목은 제10절로, 요임금이나 순임금이 아닌 문왕을 그 표본으로 삼고 있다는 점이다. 문왕의 덕을 내세우면서 이어지는 제27장 첫머리의 "성인지도聖人之道"와 연계된다.

직관적 논리와 시적 표현으로 유가 우주론을 펼치고 있다는 김충열의 지적처럼 천지와 산수를 시적으로 묘사하면서도 철학적 논리를 갖추고 있으며, 유가 도덕의 궁극적 귀결인 도덕적 인격과 천덕의 합치를 말하고 있다.

## 그침이 없는 성실함 **26.1**

그러므로 지극한 성실함은 그침이 없으니

故至誠無息[1)]

## 쉬지 않고 오래가야 **26.2**

쉬지 않으면 오래가고, 오래가면 징험이 나타나며,[2)]

不息則久, 久則徵,

## 징험이 나타나면 여유롭다 **26.3**

징험이 나타나면 여유롭고 오래가며, 여유롭고 오래가면 넓고 두터워지며, 넓고 두터워지면 높고 밝아진다.

1) 정약용은 "지성至誠은 중화中和이고, 무식無息은 용庸이다.[至誠者, 中和也, 無息者, 庸也.]"라고 하여 "지성至誠"을 '중화中和'라고 거듭 풀이했다[中和非至誠乎](《중용자잠》).

2) 원문의 "구즉징久則徵"을 번역한 것으로, "구久"는 마음속에 영원함이요, "징徵"은 바깥에 징험이 나타남이다. 주희의 풀이대로 늘 마음속에 오래도록 있다는 의미로서, 효험으로 드러나기 전의 준비단계에 해당한다. 마음속, 즉 중심에서 영원하다는 것은 흔들림이 없다는 뜻으로, 똑같은 상태를 계속 유지하는 것이다. 유가에서는 쉬는 일을 매우 경계하는데, 어떠한 삶의 변화에도 아랑곳하지 않고 평정심을 유지하는 일은 말처럼 쉬운 일이 아니기에 여러 번 강조하게 되는 것이다.

徵則悠遠, 悠遠則博厚, 博厚則高明.

### 만물을 실어주고 덮어주고 이루어주는 까닭 **26.4**

넓고 두터움은 만물을 실어주는 까닭이요, 높고 밝아짐은 만물을 덮어주는 까닭이며, 여유롭고 오래감[3]은 만물을 이루어주는 까닭이다.

博厚所以載物也, 高明所以覆物也, 悠久所以成物也.

### 땅과 하늘과 짝할 수 있는 것 **26.5**



넓고 두터움은 땅과 짝할 수 있고, 높고 밝음은 하늘과 짝할 수 있으며, 여유롭고 오래감은 끝이 없다.

博厚配地, 高明配天, 悠久無疆.

### 드러나고 변하며 이루어지는 것 **26.6**

이와 같은 것[을 지닌 사람]은 보여주지 않아도 드러나며, 움직이지 않아도 변하며, 하는 것이 없이도 이루어진다.[4]

---

3) 원문의 "유구悠久"를 번역한 것인데, 신안 진씨新安陳氏의 설처럼 박후와 고명이 유구한 것으로 보는 것이 타당하다.(김충열 설)

如此者, 不見而章, 不動而變, 無爲而成.

## 천지의 도 26.7

천지의 도는 한마디 말로 다할 수 있으니, 그것(천지의 도)이 만물을 되게 함에 둘로 나뉨이 없으니, 그것(천지의 도)이 만물을 낳음에 측량할 수 없다.[5]

天地之道, 可一言而盡也, 其爲物不貳, 則其生物不測.

## 넓고 두터우며 밝고 오래가는 것 26.8

천지의 도는 넓고 두터우며 높고 밝으며 여유롭고 오래간다.[6]

天地之道, 博也, 厚也, 高也, 明也, 悠也, 久也.



---

4) 원문의 "불현이장不見而章"은 성인의 덕이 땅의 덕과 같은 점을, "부동이변不動而變"은 성인의 덕이 하늘의 덕과 같은 점을 말한 것이다.(최석기 설) 즉, 성실하면 천지가 짝하여 도와주므로 모든 것이 잘 된다는 뜻으로, "무위이성無爲而成"을 포함하여 매우 역설적인 표현이다.

5) 정약용은 이 단락을 중용의 도가 하늘의 도를 근본으로 삼아서 "능히 유구함[能悠久]"(《중용자잠》)이라고 했다. 지극히 성실함으로써 이루어지는 천지 만물의 생육을 명약관화하게 말하고 있다.

6) 앞서 말한 "박후고명유구博厚高明悠久"를 다시 한번 강조하고 있다.

## 하늘은 밝은 빛이 모인 것 **26.9**

지금 저 하늘은 이처럼 밝은 빛[7]이 많이 모인 것이니, 무궁한 곳에 이르면 해와 달과 별들이 거기에 매여 있고, 만물이 [그것에] 덮여 있다. 지금 저 땅은 한 줌의 흙이 많이 모인 것이니, 땅의 넓고 두터운 데에 이르면 화악(華嶽, 화산)과 [같이 큰 산을] 싣고 있어도 무겁게 여기지 않고, 황하와 북해와 [같이 큰 강물과 바다를] 안고 있으면서도 새지 않으며, 만물이 그곳에 실려 있다. 지금 저 산은 주먹만 한 작은 돌이 많이 모인 것이니, 그 넓고 큰 데에 이르러서는 풀과 나무가 그곳에서 자라고, 날짐승과 들짐승이 그곳에 살며, 보물이 그곳에서 생겨난다. 지금 저 물은 한 국자의 물이 많이 모인 것이니, [깊이를] 헤아릴 수 없는 데에 이르면 큰 자라와 악어, 교룡과 용, 물고기와 자라가 그곳에서 자라며 재화가 거기에서 번식하게 된다.



今夫天, 斯昭昭之多, 及其無窮也, 日月星辰繫焉, 萬物覆焉. 今夫地一撮土之多, 及其廣厚, 載華嶽而不重, 振河海而不洩, 萬物載焉. 今夫山, 一拳石之多, 及其廣大, 草木生之, 禽獸居之, 寶藏興焉. 今夫水一勺之多, 及其不測, 黿鼉蛟龍魚鼈生焉, 貨財殖焉.

---

7) 원문의 "소소昭昭"를 번역한 것인데, 정현은 '경경耿耿'과 같은 개념으로 작은 빛[小明]으로 보았고, 주희 역시 이 견해를 따랐다. 공영달은 '협소한 모습[狹小之貌]'으로 풀이했다.

## 하늘이 하늘이 될 수밖에 없는 까닭 26.10

《시경》에 이르기를 "아아, 하늘의 명이여! 오오, 심원하여[8] 그침이 없구나!"라고 한 것은 아마도 하늘이 하늘이 된 까닭을 말한 듯하며, "아아, 드러나지 않겠는가! 문왕의 덕의 순수함이여!"라고 한 것은 아마도 문왕이 문왕이 된 까닭을 순수함 또한 그침이 없음이라 말한 듯하다.

詩云: "維天之命! 於穆不已!"[9] 蓋曰, 天之所以爲天也. "於乎不顯! 文王之德之純!" 蓋曰, 文王之所以爲文也, 純亦不已.



8) 원문의 "목穆"을 번역한 것으로, 주희는 '심원하다[深遠]'로 보았고, 공영달은 '아름답다[美]'고 풀이했다. 역자는 주희의 설을 따랐다.

9) 인용된 《시경》은 〈주송〉의 '유천지명維天之命' 편이다. 이 시를 인용한 이유는 "지성무식至誠無息"의 뜻을 밝히기 위해서다.(김충열 설)

제27장

# 성인의 위상과 공덕에 관하여

【해설】

이 장은 지극한 도를 얻으려면 지극한 덕을 갖추는 공부가 필요하다는 점을 말하는데, 공부의 두 축으로 존덕성尊德性과 도문학道問學을 제시하고 있다. 유가는 '위기지학爲己之學'을 시작으로 사람이 사람을 가르치는 '이인치인以人治人'의 논리를 편다. 사람이 사람을 다스리며 이끌어가는 존재로서 신의 존재보다는 덕성을 갖춘 인간, 곧 성인의 힘에 의한 정치를 강조한다. 맨 마지막의 "명철보신明哲保身"이란 구句로 마무리하는 것에 유의해보자. 좀 거칠게 말해서 이 개념은 현실에서 도피하고 은둔하며 살라는 처세관의 한 단면을 보여주는 것처럼 오해될 소지가 있다. 그런데 유가의 처세관의 핵심은 천하에 도가 없는 난세에는 은둔하며 '보신'하고 천하에 도가 있는 치세에는 '명철'하라는 것이다.

## 위대한 성인의 도 27.1

위대하구나! 성인의 도여!

大哉! 聖人之道!

## 위대함이 하늘에 이르네 27.2

[곳곳에] 충만하여 만물을 피어나게 하고 기르니, 높고 위대함이 하늘에 이르는구나.

洋洋乎發育萬物, 峻極於天.



## 넓고 커다란 도 27.3

넉넉하고도 크도다! 예의가 삼백 가지요. 세세한 예절이 삼천 가지로구나.

優優大哉! 禮儀三百, 威儀三千.

## 그 사람을 기다리다 27.4

[성인의 도는] 그 [행할] 사람을 기다린 뒤에야 행해질 것이다.

待其人而後行.

## 지극한 덕을 지녀야만 27.5

그러므로 말하기를 "진실로 지극한 덕을 지닌 사람이 아니면, 지극한 도는 모이지 않는다."라고 했다.

故曰, "苟不至德, 至道不凝焉."

## 군자는 덕성을 받들면서 중용에 통달하려 한다 27.6

그러므로 군자는 덕성을 [공경하여] 높이면서도 묻고 배우는 것에서 말미암으니,[1] 넓고 큰 것을 이루면서도 정밀하고 미세함을 다하고, 높고 밝음을 지극하게 하면서도 중용에 통달하며,[2] 옛것을 익히고 새로운 것을 알며, 후덕함을 돈독히 하고 예를 숭상한다.

故君子尊德性而道問學, 致廣大而盡精微, 極高明而道中庸, 溫故而知新, 敦厚以崇禮.[3]

1) 원문의 "도道"를 번역한 것으로, 주희는 말미암다는 의미의 '유由' 자로 보았는데, 일리가 있다. 이 글자의 의미는 '계기로 삼는다'이다.

2) 원문의 "도道"를 번역한 것으로, 공영달은 이 글자를 '통通' 자로 풀이하여 '통달한다'는 개념으로 보았다. 역자도 공영달의 견해를 따랐다. 주희는 '따르다'는 개념으로 보았는데 이 역시 일리가 있다. 한편 앞 문장의 "도문학道問學"에서 '도道' 자와 같은 용법으로 보아 '말미암다'라고 해석하기도 한다.

3) 정약용은 "'존덕성尊德性'은 지극한 성실함이고, '광대廣大'란 넓고 두터운 것이며, '고명高明'은 높고 밝은 것이다. 앞 장에서 '지극히 성실한 도가 천지에 배합할 수 있다'고 말했으니, 글이 서로 비춘다.[尊德性者至誠也, 廣大者博厚也, 高明者高明也, 上章云至誠之道可配天地, 文相照也.]"라고 했다.

## 위아래가 교만하지 않고 배반하지도 않는다 **27.7**

그러므로 윗자리에 있으면서도 교만하지 않고, 아랫자리에 있으면서도 배반하지 않는다. 나라에 도가 있으면 그 말이 [자신을] 일으킬 수 있고, 나라에 도가 없으면 그 침묵이 [자신을] 용납할 수 있다. 《시경》에 말하기를 "이미 밝고 또 밝아 그 자신을 보전한다."라고 했으니 아마도 이것(앞 문장 전체)을 일컫는 것인가!

是故居上不驕, 爲下不倍. 國有道, 其言足以興, 國無道, 其默足以容. 詩曰: "旣明且哲, 以保其身"[4] 其此之謂與!



4) 이 말은 선악을 분명히 하고 시비를 가릴 줄 안다는 의미다. 인용된《시경》은 〈대아〉의 '증민烝民' 편이다.

제28장

# 어리석고 덕이 부족하면 자리를 탐하지 말라

【해설】

이 장은 덕이 부족하고 어리석은 사람이 자리를 탐하는 것은 시대의 흐름을 무시한 것이라는 공자의 꾸짖음을 말하고 있다. 특히 제1절에서 보이듯 덕이 없고 지위가 없는 사람은 당대의 법을 준수하는 데 그쳐야 하며, 예악과 문물제도를 새로 만들려고 하면 안 된다고 했는데, 그 자격이 있는 사람은 천자뿐이다.

청 대 의고파 학자 유월兪樾은 제3절에 "거동궤車同軌, 서동문書同文, 행동륜行同倫."이란 문장이 중용과 무관하게 끼어들어 진시황 이후의 문장으로 보아야 한다고 주장했다. 자사가 지은 것이 아닌 데다《중용》의 저작 연대를 진나라 이후로 보아야 한다는 논쟁을 불러일으킨 장이다.

## 재앙이 자신의 몸에 미치는 자 28.1

공자께서 말씀하셨다.

"어리석은데도 스스로 등용되기를 좋아하고, 지위가 낮으면서도 자기 멋대로 하는 것을 좋아하며, 지금 세상에 살면서 예전의 도로 되돌아간다면,[1] 이와 같은 사람은 재앙이 자신의 몸에 미칠 것이다."

子曰: "愚而好自用, 賤而好自專, 生乎今之世, 反古之道, 如此者, 烖及其身者也."

## 천자가 되면 할 일 28.2

천자가 아니면 예법[2]을 논의하지 못하고, 법도를 만들지 못하며, 문자를 살피지 못한다.

非天子, 不議禮, 不制度, 不考文.



1) 원문의 "반고지도反古之道"를 번역한 것으로, 한 가지 길만 아는 사람은 지금의 왕이 펴는 새로운 정사가 따를 만한 것인지 아닌지 알지 못한다는 뜻이다. "반反"은 '회복할 복復'과 같다.(주희 설)

2) 원문의 "예禮"를 번역한 것인데, 주희는 '친소親疏'와 '귀천貴賤'이 서로 만나는 본질적인 문제로 보았다. 말하자면 이들을 구분하는 문제로 본 것이다.

## 똑같이 하는 것 세 가지 28.3

오늘날[3] 천하에는 수레는 바퀴 폭을 같게 하고, 글은 문자를 같게 하며, 행실은 인륜을 같게 한다.[4]

今天下車同軌, 書同文, 行同倫.

## 명실상부 28.4

비록 그 지위(천자)를 갖고 있더라도, 진실로 그에 [어울리는] 덕이 없다면 감히 예악을 만들지 못하며, 비록 [어울리는] 덕이 있더라도 진실로 그 지위가 없으면 역시 감히 예악을 만들지 못한다.



雖有其位, 苟無其德, 不敢作禮樂焉. 雖有其德, 苟無其位, 亦不敢作禮樂焉.

---

3) 원문의 "금今" 자를 번역한 것인데, 주희는 앞의 "비천자非天子, 불의례不議禮" 이하는 자사의 말씀이라고 하여 자사가 살았던 시점으로 보았다. 정현은 뒤의 "역불감작례악언亦不敢作禮樂焉"까지 공자의 말씀으로 이어진다고 하여 공자가 살았던 시점으로 보았다. 공영달과 정약용도 이 설을 따랐다. 유월은 뒤쪽 문장의 '거동궤車同軌, 서동문書同文'을 들어 진시황이 수레바퀴 너비와 문자를 통일한 일련의 개혁 정책을 의미한다고 보아 '금今'을 진시황의 시기라고 확대 해석하기도 한다.

4) 원문의 "행동륜行同倫"을 번역한 것이다. 공영달은 "륜倫"을 '도道'와 같다고 보아 사람의 행실은 모두 똑같은 도리를 따르는 것으로, 제2절의 '불의례不議禮'를 다시 설명한 것이라고 보았다. 주희는 '순서의 체[次序之體]'로 풀이했다. 다양하고 구체적인 예식을 가능하게 하는 예禮의 뼈대로 이해된다.(동양고전연구회 설)

## 주나라를 따르는 이유 28.5

공자께서 말씀하셨다.

"나는 하나라의 예를 말할 수는 있지만 [하나라의 후예인] 기나라가 [그것을] 고증하기에[5] 부족하다.[6] 나는 은나라의 예를 배웠는데, [은나라의 후예인] 송나라가 그것을 보존하고 있기는 하다. 나는 주나라의 예를 배웠는데, 오늘날 이것을 쓰고 있으니, 나는 주나라를 따르겠다.[7]"

子曰: "吾說夏禮, 杞不足徵也, 吾學殷禮, 有宋存焉, 吾學周禮, 今用之, 吾從周."



---

5) 원문의 "징徵"을 번역한 것으로, 주희의 해석대로 '증證'의 의미로 보았다. 한편 공영달은 이 글자를 '성成'과 '명明'으로 보아 '이룬다'와 '밝힌다'라는 의미로 풀이했다.

6) 이와 비슷한 내용이 《논어》〈팔일〉 3.9편에 나온다. "하나라의 예에 대해서는 내가 말할 수 있지만, [그 뒤를 잇는] 기나라의 예는 고증하기에 부족하고 은나라의 예에 대해서는 내가 말할 수 있지만, [그 뒤를 잇는] 송나라의 예는 고증하기에 부족하다. 문헌이 부족하기 때문이니, 충족된다면 나는 고증할 수 있을 것이다.[夏禮吾能言之, 杞不足徵也, 殷禮吾能言之, 宋不足徵也. 文獻不足故也. 足則吾能徵之矣.]"

7) 공자는 하나라, 은나라, 주나라, 즉 3대의 예를 다 배워 그 의미를 파악하고 있었다. 그런데 공자의 판단으로는 하나라의 예는 고증할 수 없고, 은나라의 예는 보존되어 있기는 하나 그 당시의 예가 아니라는 것이다. 공자는 주나라의 예만 천자의 제도를 사용하고 있으므로, 그 예를 따른다는 것이다.

제29장

# 천하에 왕 노릇을 하는 데 중요한 것 세 가지

【해설】

제28장에 이어 덕도 갖추고 지위도 있는 성인이 천하에 왕도를 펼쳐야 하는 것을 말하고 있다. 군자의 도는 자신에게 근본을 두어 뭇 백성에게서 입증되도록 하며, 선왕에게 상고해보아도 어긋나는 부분이 없으며, 천지간에 세워보아도 어그러지는 부분이 없으며, 귀신에게 물어보아도 미혹됨이 없을 것이고, 백 세대 뒤의 성인을 기다려도 미혹되지 않을 것이라고 했다. 제4절의 "지천知天"과 "지인知人"의 개념이 제20장에서도 똑같이 나왔다는 데 주목하면서 하늘의 도[天道]와 사람의 도[人道]를 아는 것이 덕을 함양하는 데 얼마나 중요한 것인지 알아야 한다.

## 왕 노릇을 하는 데 중요한 세 가지 **29.1**

천하에 왕 노릇을 하는 데에는 세 가지 중요한 것[1)]이 있으니, [이것을 행하면] 아마도 [천하를 다스릴 때] 허물을 적게 할 수 있을진저!

王天下有三重焉, 其寡過矣乎!

## 믿지 못하면 백성이 따르지 않는다 **29.2**

위의 것[2)](하나라의 예나 은나라의 예)은 비록 선하다고 해도 고증할 수 없고, 고증할 수 없기 때문에 믿을 것이 없고, 믿을 것이 없기 때문에 백성은 따르지 않는다. 아래에 있는 사람(성인)은 비록 선하지만 [지위가] 높아질 수 없고, 높은 지위에 있지 않기 때문에 믿지 못하고, 믿지 못하기 때문에 백성은 따르지 않는다.



---

1) 원문의 "삼중三重"은 의례儀禮, 제도制度, 고문考文을 의미하는데(김충열 설), 성덕과 존위에 있는 자만이 제정할 수 있는 치도治道의 근본이다. 정약용은 "천하에 왕 노릇을 하는 자는 예禮를 논의해도 죄가 없고, 법도를 만들어도 죄가 없고, 문헌을 고증해도 죄가 없는 것[王天下者, 議禮而無罪, 制度而無罪, 考文而無罪]"(《중용자잠》)을 '삼중三重'이라고 했다. 이는 왕 천하의 성패를 결정하는 일로, 자신의 덕성에 묻는 일부터 천지신명과 귀신에게 묻는 일까지 신중하고 삼가며 경건해야 하는 일이다.

2) 원문의 "상언자上焉者"를 번역한 것으로, 정현과 공영달은 군주로 보았는데, 이는 이어지는 '하언자下焉者'와 대비되는 문장으로 보았기 때문이다. 문맥을 고려해볼 때 정현과 공영달의 주석도 상당한 설득력이 있다. 역자는 주희의 해석에 따라 '하상대夏商代', 즉 상고시대의 의미로 보았는데, 고증하기 어려운 하상대는 백성이 따르지 않고, 공자가 살았던 후대의 경우에도 비록 예에는 밝지만 천자의 지위를 갖고 있지 않으므로 백성이 따르지 않는다는 견해다.

上焉者 雖善無徵, 無徵不信, 不信民弗從, 下焉者, 雖善不尊, 不尊不信, 不信民弗從.

## 군자의 도는 자신이 근본이다 **29.3**

그러므로 군자의 도는 자신에게 근본을 두어, 뭇 백성에게서 입증되도록 하며, [하·은·주나라의] 삼왕에게 상고해보아도 어긋나는 부분이 없으며, 천지간에 세워보아도 어그러지는 부분이 없으며, 귀신[3]에게 물어보아도 의심이 없을 것이고, 백 세대 뒤의 성인을 기다려도 미혹되지 않을 것이다.

故君子之道, 本諸身, 徵諸庶民, 考諸三王而不謬, 建諸天地而不悖, 質諸鬼神而無疑, 百世以俟聖人而不惑.

## 하늘의 도, 사람의 도 **29.4**

귀신에게 물어보아도 의심이 없다는 것은 하늘(하늘의 도)을 알기 때문이고,[4] 백 세대 뒤의 성인을 기다려서도 미혹되지 않는다는 것

3) 원문의 "귀신鬼神"이란 말은 오늘날 귀신의 개념이 아니라 공영달의 해석처럼 음양이 변화하는 방식으로 사물을 생성하는 것이고, 주희의 해석처럼 '조화造化'의 자취로 볼 수 있다.

4) 《주역》〈계사전繫辭傳〉에 "공자께서 말씀하셨다. 변화의 도를 아는 자는 신이 하는 바를 아는 사람이다.[子曰, 知變化之道者, 其知神之所爲乎.]"라는 구절이 있고, 《논어》〈팔일〉 편에 "하늘에 죄를 지으면 빌 곳이 없다.[獲罪於天, 無所禱也.]"라고 했다. 성인은 사욕사념으로 천지신께 빌지 않는다는 뜻을 포함한 말이다. 이러한 지천知天, 지인知人의 기본이 성誠에 있음을 염두에 두어야 한다.

은 사람(사람의 도)을 알기 때문이다.

質諸鬼神而無疑, 知天也, 百世以俟聖人而不惑, 知人也.

### 군자의 움직임 **29.5**

그러므로 군자가 움직이면 대대로 천하의 도가 되니, [그가] 행하면 대대로 천하의 법도가 되며, [그가] 말하면 대대로 천하의 준칙이 된다. [그러한 군자와] 멀리 있으면 우러러보고, 가까이 있으면 싫어하지 않는다.

是故君子動而世爲天下道, 行而世爲天下法, 言而世爲天下則. 遠之則有望, 近之則不厭.



### 군자가 명예를 떨치기 위해서는 **29.6**

《시경》에 말하기를 "저기에 있어도 미워하는 사람이 없으며, 여기에 있어도 싫어하는 사람이 없어, 거의 일찍 일어나고 밤늦도록 힘써서 오래도록 칭송을 받으리다!"라고 했으니, 군자가 이처럼 하지 않고서 일찍이 천하에 명예를 떨친 사람은 있지 않다.

詩曰: "在彼無惡, 在此無射, 庶幾夙夜, 以永終譽!"[5] 君子未有不如此而蚤有譽於天下者也.

---

5) 인용된 《시경》은 〈주송〉의 '진로振鷺' 편이다.

제30장

# 공자의 도는 성현을 계승했고, 천지의 덕과 닮았다

【해설】

이 장은 길지 않은 편이지만 공자의 사상이 압축적으로 담겨 있으며, 공자의 인생관과 윤리관이 잘 정리되어 있다. 제29장에 이어 공자의 사상이 천도에 들어맞는 것을 밝히면서 공자의 사상이 귀신이나 절대자의 계시에서 나온 것이 아니라 요임금과 순임금을 필두로 하여 문왕과 무왕 등 성왕의 삶의 온축이라는 것을 말하고 있다.

제1절과 제2절에서는 공자 도통의 계승 관계를 밝히고 있는데 기본적으로 이미 제17장, 제18장, 제19장에서 다룬 순임금과 문왕, 무왕, 주공 등이 덕으로 천하를 다스린 일을 거론한 부분과 일맥상통하는 지점이 있다. 물론 공자는 성왕의 지위에 오르지 못했으나 "천시天時"를 따랐음을 밝히면서 공자의 덕이 사시四時와 일월日月의 순환처럼 한 치의 어긋남이 없음을 강조했다. 제3절에서는 천지의 위대함과 공자의 덕의 위상이 동일함을 강조하면서 조화로운 자연의 질서가 천지의 덕임을 분명히 밝히고 있다.

## 공자의 업적들 30.1

선생님은 요임금과 순임금을 으뜸으로 높여 이어받으셨고,[1] 문왕과 무왕이 [이룬 업적을] 본받아 밝히셨으며,[2] 위로는 하늘의 때를 따르고, 아래로는 물과 흙의 이치를 따랐다.[3]

仲尼祖述堯舜, 憲章文武, 上律天時, 下襲水土.

## 업적을 비유하자면 30.2

비유하자면 하늘과 땅이 [만물을] 실어주지 않는 것이 없고 덮어주지 않는 것이 없는 것과 같아, 비유하자면 사계절이 번갈아 운행하며,[4] 마치 해와 달이 번갈아 밝혀주는 것과 같다.

辟如天地之無不持載, 無不覆幬, 辟如四時之錯行, 如日月之代明.

1) 원문의 "조술祖述"을 번역한 것으로, "조祖"는 '시始'와 같다.(공영달 설) 따라서 요임금과 순임금의 도를 시원으로 여겨 높인 것이다. 주희는 "멀리 그 도를 으뜸으로 높이는 것[遠宗其道]"이라고 했다.

2) 원문의 "헌장憲章"을 번역한 것으로, "헌憲"은 '본받을 법法'과 같고, "장章"은 '밝을 명明'과 같다.(공영달 설)

3) 원문의 "습襲"을 번역한 것인데, 주희는 이 글자를 '인因'으로 보아 '인습하다'는 개념으로 풀이했으며 '따르다'라는 의미로 보면 무난하다.

4) 원문의 "사시지착행四時之錯行"을 번역한 것으로, "착錯"은 '번갈아들 질迭'과 같다. 이것은 성인의 덕을 말씀한 것이다.(주희 설) 정약용은 "추위와 더위가 서로 교대하는 것[寒暑相交]"(《중용자잠》)이라고 보았다.

## 천지가 위대해지는 까닭 30.3

만물이 나란히 자라면서도 서로 해치지 않고, 도가 나란히 행해져도 서로 어그러지지 않는다. 자그마한 덕[5]은 냇물처럼 흘러가고 커다란 덕은 두텁게 교화되니, 이것이 천지가 위대해지는 까닭이다.

萬物並育而不相害, 道並行而不相悖. 小德川流, 大德敦化, 此天地之所以爲大也.



5) 원문의 "소덕小德"을 번역한 것으로 제후의 덕을 뜻하며, 바로 뒤의 "대덕大德"은 천자의 덕을 비유한 것이다. 소덕은 제자 중에서 덕이 자그마한 자로 칠십 제자를 말하고, 대덕은 제자 중 덕이 큰 자로 공자 문도의 사과四科 십철十哲 같은 무리를 말한다.(정약용 설) 한편 주희는 소덕을 "해치지 않고 어긋나지 않는 것[不害不悖]", 대덕을 "함께 길러지고 함께 행해지는 것[並育並行]"이라고 했다.

제31장

# 지성의 덕이라야 천도와 들어맞는다

【해설】

제30장이 공자의 천하관, 즉 천도에 관한 내용이라면, 제31장은 덕을 체화한 성인이 인간 세상을 교화하고 세상에 베푸는 인도에 관한 내용이 주를 이룬다. 말하자면 성인이 갖고 있는 덕성과 지혜의 효능은 두루 원만하게 만물에 미치며 그것은 온화하면서도 심원하게 발현되어 미치지 않는 곳이 없음을 말하고 있다. 첫머리에 나오듯 "총명예지聰明睿知"한 "지성至聖"의 덕은 하늘의 덕과 일치하기에 가능한 일이다. 백성은 성인을 존경하여 자신들에게 베푼 덕을 기쁘게 받아들인다. 주희가 이 장의 대의에 대해 냇물처럼 갈라져 흐르는 성인의 덕을 풀이한 것이라는 것은 그래서 설득력이 있다.

제1절에서 "관유온유寬裕溫柔"는 인의 덕이니 포용력이요, "발강강의發強剛毅"는 의의 덕이니 의로운 집행력을 의미하며, "재장중정齊莊中正"은 예의 덕이니 공경함이며, "문리밀찰文理密察"은 지의 덕이니 시비의 분별력을 의미한다. 제2절은 그 덕이 보편적이고 광활하고 깊고 근본이 있어 수시로 발현됨을 말하고 있고, 제3절은 그 덕이 백성에게 미치는 영향을 말하고 있으며, 제4절의 '배천配天'은 지성의 덕을 갖춘 성인이 천도와 합치는 것을 설명했다.

## 천하의 지극한 성인 **31.1**

오직 천하의 지극한 성인이라야 총명과 예지[1]로써 충분히 [백성에게] 다가설 수 있고, 너그럽고 부드러워 충분히 포용할 수 있으며, 강하고 굳세고 강인하게 발하여 충분히 지켜나갈 수 있고, 엄정하고 바르므로 충분히 [천하 사람들에게] 공경을 받을 수 있고, 문장의 조리가 세밀하고 살필 수 있기에 충분히 분별할 수 있다.

唯天下至聖, 爲能聰明睿知, 足以有臨也, 寬裕溫柔, 足以有容也, 發強剛毅, 足以有執也, 齊莊中正, 足以有敬也, 文理密察, 足以有別也.

## 덕의 표출 **31.2**

두루두루 넓으면서도 고요하게 깊어 때에 맞추어 그의 덕을 표출[2]한다.

溥博淵泉,[3] 而時出之.

1) 원문의 "총명예지聰明睿知"를 번역한 것으로, 주희는 "태어나면서부터 아는 자질이고, 그 아래 네 가지는 인의예지의 덕[生知之質. 其下四者, 乃仁義禮知之德]"이라고 했다.

2) 원문의 "시출지時出之"를 번역한 것으로, 정치의 교화는 때를 기다렸다가 표출된다는 뜻이다. 덕이 가득 쌓이면 언제든 바깥으로 드러나게 된다는 뜻을 함축하고 있다.

3) 원문의 "부박溥博"은 '두루두루 넓음[周徧而廣闊]'이고 "연천淵泉"은 '고요하고 깊으며 근본이 있음[靜深而有本]'이라는 뜻이다.(주희 설)

## 백성이 기뻐하는 까닭 31.3

두루 [미치고도] 넓은 것은 하늘과 같고, 고요하고도 깊은 것은 연못과 같으니, [그러한 덕을 지닌 군자가] 나타나면 백성은 공경하지 않는 이가 없고, [그러한 덕을 지닌 군자가] 말을 하면 백성은 믿지 않는 이가 없으며, [그러한 덕을 지닌 군자] 행하면 백성은 기뻐하지 않는 이가 없다.

溥博如天, 淵泉如淵, 見而民莫不敬, 言而民莫不信, 行而民莫不說.

## 하늘과 짝하는 명성 31.4



이 때문에 [그의] 명성은 중원[온 나라]에 넘쳐나 [주변] 오랑캐 나라까지도 뻗쳐서, 배나 수레가 이르는 곳이나 사람의 힘이 통하는 곳과 하늘이 덮어주는 곳, 땅이 실어주는 곳, 해와 달이 비치는 곳, 이슬이 내리는 곳에 무릇 혈기가 있는 것은 존경하고 친근하게 여기지 않는 이가 없다. 그러므로 '하늘과 짝한다'고 말한 것이다.

是以聲名, 洋溢乎中國, 施及蠻貊, 舟車所至, 人力所通, 天之所覆, 地之所載, 日月所照, 霜露所隊, 凡有血氣者, 莫不尊親, 故曰配天.

## 제32장

# 대덕과 돈화로 천도의 극치를 말하다

【해설】

제32장은 앞 장에 이어 지성至誠으로 천하를 경륜하고 근본을 세우는 성인의 큰 덕이 돈독히 교화되는 것을 다룬다. 사실상《중용》의 총결론에 해당한다. 첫 장부터 일관된 논지로《중용》은 하늘이 인간에게 내린 '성性'의 명제에서 시작하여 '덕德'으로 대체되어 천덕天德이나 지덕至德의 말로도 환치되었으며 '성性'의 효용면에서 덕성德性이니 성덕性德이니 하는 말로 쓰였다. 천명을 제대로 알아야만 스스로에게 부여된 본성을 해치지 않고 순응하는 삶을 살아가게 되고 오상의 윤리를 세우게 된다는 논지가 이 장의 앞부분에 서술되어 있으며, 제2절에서는 도치문을 통해 지성의 도가 왜 중요한지 강조하고 있다. 거듭 강조하지만《중용》의 핵심교리는 바로 "성誠"이니, 영원한 지속성과 무한성으로 나아가기 위한 강한 추진력과 생명력을 갖고 있다고 하겠다.

## 치우치지 않는다 **32.1**

오직 천하의 지극히 성실한 사람이어야 천하의 위대한 법도[大經]로 다스릴 수 있고, 천하의 위대한 근본을 세우며, 천지의 [온갖] 변화와 생육을 알 수 있으니, 무릇 어찌 [달리] 치우치는 바가 있겠는가?

唯天下至誠, 爲能經綸天下之大經, 立天下之大本, 知天地之化育. 夫焉有所倚?

## 지극한 인 **32.2**

간절하고 지극한[1] 그 인자함이여! 깊고 깊음은[2] 그 연못과 같으며, 넓고 넓음은[3] 저 하늘 같구나!

肫肫其仁! 淵淵其淵, 浩浩其天!



1) 원문의 "순순肫肫"을 번역한 것으로, '간곡하고 지극한 모양으로, 경륜으로써 말한 것[懇至貌, 以經綸而言]'이라고 했다.(주희 설)

2) 원문의 "연연淵淵"을 번역한 것으로, '고요하고 깊은 모양으로, 근본을 세움으로써 말한 것[靜深貌, 以立本而言]'이라고 했다.(주희 설)

3) 원문의 "호호浩浩"를 번역한 것으로, '넓고 큰 모습으로, 화육을 안다는 것으로써 말한 것[廣大貌, 以知化而言]'이라고 했다.(주희 설)

## 하늘의 덕에 도달해야만 **32.3**

진실로 총명하고 성인의 지혜를 갖추어서 하늘의 덕에 도달한 자가 아니라면, 그 누가 그를 알아볼 수 있겠는가?

苟不固聰明聖知達天德者, 其孰能知之?

제33장

# 《중용》의 요체

【해설】

이 장은 제32장의 연장선에 있는 마지막 장으로,《중용》 전체의 결론에 해당한다. 제1장과 수미관계를 이루니 제1장은 천天에서 비롯하여 "성性, 도道, 교教"로 시작하는데, 이 장은 반대로 아래로부터 위, 즉 천天으로 향한다는 하학상달下學上達을 말한 것이다.

이 장은 모두 여섯 절이다.《중용》의 앞부분이 주로 공자의 말씀으로 시작되는 데 비해, 이 장에서는《시경》의 여덟 구절을 인용하여 신독愼獨과 계신공구戒愼恐懼 등의 유가 수양 덕목을 시로 요약하고 강조하며 끝을 맺는다. 천하를 다스리는 이치를 지성至誠에 바탕을 두고 있으면서도 모든 것이 마음으로 귀착됨을 의미 있게 서술하고 있다.

제1절은 군자의 위기지학을, 제2절은 마음이 발한 뒤 군자의 신독의 일을, 제3절은 계신공구함을, 제4절은 신독과 계신공구의 공부, 즉 존양성찰存養省察의 공부를 통해 나타나는 공효功效를, 제5절은 제26장에 보이는 문왕의 덕을 칭송한 문장과 연관하여 불현유덕不顯惟德과 같은 성인의 지덕이 세상에 감응하는 공효를, 제6절은 성인의 불현지덕不顯之德은 하늘의 일과 같음을 찬미했다. 특히 제1절의 "의금상경衣錦尙絅"이란 말을 의미 있게 보아야 한다. 화려한 비단옷 무늬가 드러날까 봐 홑옷을 한 겹 걸쳐 가리듯, 자기 안에 온축된 도를 밖으로 드러내지 않으려는 절제미를 말하고 있다. 화려한 겉모습보다는 은근과 숨김의 미학을 의미하는 이 말은 중용의 의미, 시중時中의 의미와 맞닿아 있다.

## 비단옷에 홑옷을 걸친 이유 33.1

《시경》에 말하기를 "비단옷을 입고 홑옷을 걸쳤구나."[1]라고 했으니, 그 비단옷의 무늬가 드러나는 것을 싫어했기 때문이다. 그러므로 군자의 도는 잘 보이지 않는 것[2] 같지만 나날이 드러나고, 소인의 도는 선명하게 드러나지만 나날이 없어진다. 군자의 도는 담담하지만 싫증이 나지 않고, 간결하면서도 문채가 나며, 온유하면서도 조리가 있다. [그러므로] 먼 것은 가까운 데서 [비롯한 것임을] 알고, 바람이 [어디에서] 시작되는 것을 알며, 은미한 것이 [현저하게] 드러남을 안다면, 함께 덕에 들어갈 수 있다.

詩曰: "衣錦尙絅", 惡其文之著也. 故君子之道, 闇然而日章, 小人之道, 的然而日亡. 君子之道, 淡而不厭, 簡而文, 溫而理, 知遠之近, 知風之自, 知微之顯, 可與入德矣.



1) 원문의 "의금상경衣錦尙絅"은 《시경》 〈위풍〉의 '석인碩人' 편과 〈정풍鄭風〉의 '봉丰' 편에 "의금경의衣錦褧衣"로 되어 있다. '경絅'은 옷 위에 겹쳐 입는 홑옷을 말한다. 〈위풍〉의 '석인' 편에서는 장강莊姜의 아름다움을 노래하고, 〈정풍〉의 '봉' 편에서는 여인이 놓친 사람을 아쉬워하며 복식을 성대히 갖추고 자신을 데려가기를 바라는 마음을 노래했다.

2) 원문의 "암연闇然"을 번역한 것으로, "군자의 도로써 덕이 심원하고 겸손하여 물러나 처음에 보려면 잘 보이지 않는다.[君子以其道德深遠謙退, 初視未見.]"라고 했다.(공영달 설) 김충열은 "불현不顯의 지덕至德과 위기지학爲己之學 같은 유가의 도덕론도 결국은 상경문화尙絅文化로 포장된다. '의금상경衣錦尙絅'을 다시 한번 음미해보면 노출을 가리는 문화, 이것이 동양의 미덕이다."라고 했다.

## 잠긴 물고기가 밝게 보인다 33.2

《시경》에 이르기를 "잠긴 것(물고기)이 비록 엎드려 있으나, 또한 오히려 대단히 밝게 보이네!"라고 했다. 그러므로 군자는 안으로 성찰하여 허물이 없다면 마음속에 부끄러움이 없어야 한다. 군자에게 [보통 사람들이] 미칠 수 없는 점은 아마도 오직 다른 사람들이 보지 못하는 바에 있을 것일진저!

詩云: "潛雖伏矣, 亦孔之昭!"[3] 故君子內省不疚, 無惡於志. 君子之所不可及者, 其唯人之所不見乎!

## 구석에 앉아도 부끄러움이 없어라 33.3



《시경》에 이르기를 "네가 방 안에 있을 때를 보니, 잘 볼 수 없는 구석에 앉아서도 부끄러움이 없도록 하라."라고 했으니, 그러므로 군자는 행동하지 않아도 공경을 받으며, 말하지 않아도 믿음을 준다.

詩云: "相在爾室, 尙不愧於屋漏."[4] 故君子不動而敬, 不言而信.

---

3) 인용된 《시경》은 〈소아〉의 '정월正月' 편이다. 이 시의 문맥으로 보아 동주東周 초기 주나라가 쇠퇴해가는 시기에 화란禍亂이 미치니 도망할 곳이 없음을 의미한다. 이 구절 또한 앞 구절의 인용과 마찬가지로 제1장의 "숨어 있는 것보다 드러나는 것은 없으며, 세밀한 것보다 드러나는 것이 없다.[莫見乎隱, 莫顯乎微.]"라는 내용을 부연하는 데 활용하고 있다.

## 음악을 펼칠 때는 말도 없다 33.4

《시경》에 말하기를 "[장엄한 음악을] 연주할 때 말이 없으니, 이때에는 다툼이 있지 않네."라고 했다. 그러므로 군자가 상을 주지 않아도 백성이 힘쓸 것이며, 성내지 않아도 백성은 [여물을 써는] 작도와 도끼보다 더 두려워한다.

詩曰: "奏假無言, 時靡有爭."[5] 是故君子不賞而民勸, 不怒而民威於鈇鉞.

## 드러나지 않는 덕 33.5

《시경》에 말하기를 "드러나지 않는 [그윽한] 덕을 모든 제후가 본받는구나![6]"라고 했다. 그러므로 군자는 공경함을 돈독하게 하여 천하가 태평스러워진다.

詩曰: "不顯惟德, 百辟其刑之!"[7] 是故君子篤恭而天下平.



---

4) 인용된 《시경》은 〈대아〉의 '억抑' 편이다. 시의 내용을 부연하면, "나를 보는 이가 없다고 말하지 말라. 신의 이르름은 헤아릴 수가 없거늘.[莫予云覯. 神之格思, 不可度思.]"이라고 했으니 군자의 계신공구戒愼恐懼함은 홀로 거처할 때도 지극히 해야 함을 강조하기 위해 인용되었다.

5) 인용된 《시경》은 〈상송〉의 '열조烈祖' 편이다. 원래의 시에는 "종가무언鬷假無言, 시미유쟁時靡有爭"으로 되어 있다. 맑은 술을 올려 제사를 지내며 말이 없고 다툼이 없으니 엄숙하고 공경함이 지극한 것이다.

6) 원문의 "형刑"을 번역한 것으로, '법法'의 의미로써 동사로 쓰였다.

## 소리도 없고 냄새도 없는 것 **33.6**

《시경》에 이르기를 "내 밝은 덕이 음성과 얼굴빛을 크게 여기지 않음을 생각하노라."라고 했다. 공자께서 말씀하셨다. "음성과 얼굴빛은 백성을 교화함에 있어서 말단이다. 《시경》에 이르기를 '덕은 가볍기가 터럭과 같으니'라고 했다. 터럭에는 오히려 [무게를] 비교할 만한 것이 있다. '높은 하늘의 일은 소리도 없고 냄새도 없으니'라고 한 것이 지극하구나!"

詩云: "予懷明德, 不大聲以色."[8] 子曰: "聲色之於以化民, 末也. 詩云: '德輶如毛'[9] 毛猶有倫. '上天之載, 無聲無臭.'[10] 至矣!"



7) 인용된 《시경》은 〈주송〉의 '열문' 편이다. 유심현원幽深玄遠한 덕을 본받아 널리 감화되는 것을 표현했다. 《중용》 26.10편의 "아아, 하늘의 명이여! 오오, 심원하여 그침이 없구나![維天之命! 於穆不已!]", "아아, 드러나지 않겠는가! 문왕의 덕의 순수함이여![於乎不顯! 文王之德之純!]"라고 한 구절과 상통한다.

8) 인용된 《시경》은 〈대아〉의 '황의皇矣' 편이다. 이 시는 상제가 문왕에게 이르는 말로, 덕이 깊고 은미하여 천리를 따르고, 성색을 요란하게 하는 정치의 말단을 멀리하는 것을 말했다.

9) 인용된 《시경》은 〈대아〉의 '증민' 편이다. 덕이 가벼워 행하기 쉬운 듯하나 행하는 이가 드물고, 중산보仲山甫만 홀로 행함을 말하고 있다. 터럭이 가볍고 미세하지만, 그보다 더 지극한 것으로 이 시를 인용했다.

10) 인용된 《시경》은 〈대아〉의 '문왕' 편이다. 이 시를 보면 "천명은 보전하기가 쉽지 않으니 네 몸에서 끊어지지 않게 하라. 훌륭한 명성을 펴서 밝히며 은나라를 헤아리되 하늘로부터 하라. 천상의 일은 소리도 없고 냄새도 없거니와 문왕을 본받으면 만방이 진작하여 믿으리라.[命之不易, 無遏爾躬. 宣昭義問, 有虞殷自天. 上天之載, 無聲無臭. 儀刑文王, 萬邦作孚.]"라고 했다. 이는 〈주송〉 '열문' 편에서 문왕의 덕을 찬미한 것과 같으며, 《대학》 전2.3편의 "주나라가 비록 옛 나라이지만, 천명은 오직 새로워질 것이다.[周雖舊邦, 其命惟新.]"라고 한 부분과도 일맥상통한다.

# 참고문헌

### 단행본


- 《大學章句集註》內閣本, 成均館大學校 大東文化研究院 影印本, 1965.
- 《論語集註》內閣本, 成均館大學校 大東文化研究院 影印本, 1965.
- 《孟子集註》內閣本, 成均館大學校 大東文化研究院 影印本, 1965.
- 《書傳集註》內閣本 成均館大學校 大東文化研究院 影印本, 1965.
- 《詩傳集註》內閣本, 成均館大學校 大東文化研究院 影印本, 1965.
- 김기현 저, 《대학 – 진보의 동아시아적 의미》, 사계절, 2002.
- 김석진 저, 《대산 대학강의》, 한길사, 2012.
- 김석진·신성수 저, 《대산 중용강의》, 한길사, 2012.
- 김수길 저, 《집주완역 대학》, 대유학당, 2016.
- 김수길 저, 《집주완역 중용》 상·하, 대유학당, 2008.
- 김시준 역해, 《대학·중용》, 혜원출판사, 1990.
- 김충열 저, 《김충열 교수의 중용대학강의》, 예문서원, 2007.
- 김학주 역주, 《대학》, 서울대학교출판문화원, 2017.
- 김학주 역주, 《중용》, 서울대학교출판부, 1996.
- 동양고전연구회 역주, 《대학》, 민음사, 2016.
- 동양고전연구회 역주, 《중용》, 민음사, 2016.
- 동양고전학회 편, 《대학의 종합적 고찰》, 심산, 2013.

- 박완식 편저, 《대학 – 대학, 대학혹문, 대학강어》, 여강출판사, 2005.
- 박완식 편저, 《중용》, 북피아(여강), 2005.
- 성백효 역주, 《대학·중용집주》, 전통문화연구회, 2010.
- 성백효 저, 《현토신역 부안설 대학집주》, 한국인문고전연구소, 2016.
- 성백효 저, 《현토신역 부안설 중용집주》, 한국인문고전연구소, 2016.
- 세종대왕기념사업회 편집부 저, 장세경 역, 《역주 중용언해》, 세종대왕기념사업회, 2012.
- 수이청빙水成冰 저, 허유영 역, 《지키는 기술 – 중용, 난세에 빛나는 궁극의 전략》, 웅진지식하우스, 2009.
- 이기동 역, 《대학·중용강설》, 성균관대학교출판부, 2014.
- 이세동 역, 《대학·중용》, 을유문화사, 2018.
- 이을호 역, 《정다산의 대학공의》, 명문당, 1974.
- 이을호 역, 현암학술문화연구소 보, 《한글 중용·대학》, 올재클래식스, 2012.
- 자사子思·주희朱熹 저, 최영갑 역, 《대학·중용》, 펭귄클래식코리아(웅진), 2012.
- 잠일성岑溢成 저, 황갑연 역, 《대학철학》, 서광사, 2000.
- 전우田愚 저, BK21 중(한)문고전적 번역대학원 역, 《간재 전우, 중용을 탐구하다》, 심산, 2010.
- 정약용 저, 이광호 외 역, 다산학술문화재단 기획, 《대학공의·대학강의·소학지언·심경밀험》, 사암, 2016.
- 정현鄭玄 저, 이광호 외 역, 《역주 예기정의 – 중용·대학》, 전통문화연구회, 2015.
- 주희朱熹 저, 김미영 역, 《대학·중용》, 홍익출판사, 2015.
- 주희朱熹 저, 최석기 역, 《대학》, 한길사, 2014.
- 주희朱熹 저, 최석기 역, 《중용》, 한길사, 2014.

## 논문


- 김형태, 〈《대학大學》에 인용된 《시경詩經》 구절의 문학적 효용성〉, 《동양고전연구》, 제31집, 2008.
- 민병희, 〈주희朱熹의 "대학大學"과 사대부士大夫의 사회·정치적 권력〉, 《중국사연구》, 제55집, 2008.
- 박순철, 〈《대학大學》·《중용中庸》의 《시경詩經》 인용시引用詩 소고小攷〉, 《한국사상과 문화》, 제30집, 2005.
- 백민정, 〈정조正祖와 다산茶山의 《대학大學》에 관한 철학적 입장 비교〉, 《퇴계학보》, 제126집, 2009.
- 서근식, 〈《대학大學》 해석解釋을 통해 본 주자朱子의 격물치지론格物致知論〉, 《동양고전연구》, 제33집, 2008.
- 서근식, 〈다산 정약용의 《대학》 해석에 관한 연구〉, 《동양고전연구》, 제60집, 2015.
- 서근식, 〈주자의 《대학장구》를 통해 본 평천하平天下의 세계〉, 《동양고전연구》, 제63집, 2016.
- 신창호, 〈《대학大學》 '삼강령三綱領'을 통해 본 교육의 원리〉, 《교육문제연구》, 제25집, 2006.
- 신창호, 〈《대학장구大學章句》 〈서序〉에 담긴 교육敎育의 체계體系 탐구探究〉, 《동양철학연구》, 제49집, 2007.
- 오종일, 〈다산의 《대학》《중용》관〉, 《한문교육연구》, 제14집, 2000.
- 이규필, 〈대전본大全本 사서장구집주四書章句集注의 음주音注에 대한 일고찰一考察〉, 《한문고전연구》, 제34집, 2017.
- 조상우, 〈《대학大學》의 '격물치지格物致知'를 활용한 글쓰기 전략〉, 《동양고전연구》, 제23집, 2005.
- 지준호, 〈《대학공의大學公議》를 통해 본 다산茶山 정약용丁若鏞의 《대학大學》관觀〉, 《한국 철학논집》, 제12집, 2003.
- 지준호, 〈다산 정약용의 대학관 연구〉, 《한국사상과 문화》, 제22집, 2003.

찾아보기

ㅇ

ㅈ

지은이 증자曾子

공자의 제자로 이름은 삼參, 자는 자여子輿이며, '증자'는 그를 높인 칭호이다. 아버지 증점曾點 또한 공자의 제자이다. 공자가 던진 말의 핵심을 가장 잘 깨달은 제자로 유명한데, 공자는 그를 그다지 총명하다고 생각하지 않았다는 설도 있다. 《효경孝經》을 지었다고도 전해지나 신빙성은 다소 떨어진다. 송유宋儒가 도통을 세울 때 그를 극히 높이 받들었으며 공자, 맹자, 안자(안회), 자사자(자사)와 함께 유가의 오성五聖으로 꼽힌다.

지은이 자사子思

이름은 급伋, 자는 자사子思인데 자로 널리 알려졌다. '자사자子思子'라고도 불린다. 공자의 손자이며 공리孔鯉의 아들이다. 증자의 가르침을 받았으며, 노魯나라 목공穆公의 스승으로 알려져 있다. 《중용中庸》을 지어 공자의 학통을 이었고, 유가 오성의 반열에 들었다. 공자에서 증자, 자사, 맹자로 이어지는 성리학의 학통으로 인해 술성공述聖公으로 추존되는 영예를 누렸다.

옮긴이 김원중金元中

성균관대학교 중문과에서 문학박사 학위를 받았다. 대만 중앙연구원과 중국 문철연구소 방문학자 및 대만사범대학교 국문연구소 방문교수, 중국 푸단대학교 중문과 방문학자, 건양대학교 중문과 교수, 대통령 직속 인문정신문화특별위원, 한국학진흥사업위원장을 역임했다. 현재 단국대학교 사범대학 한문교육과 교수로 재직 중이며, 대통령 직속 국가교육위원회 전문위원과 중국인문학회 부회장을 맡고 있다.
동양의 고전을 우리 시대의 보편적 언어로 섬세히 복원하는 작업에 매진하여, 고전 한문의 응축미를 담아내면서도 아름다운 우리말의 결을 살려 원전의 품격을 잃지 않는 번역으로 정평 나 있다. 《교수신문》이 선정한 최고의 번역서인 《사기 열전》을 비롯해 《사기 본기》, 《사기 표》, 《사기 서》, 《사기 세가》 등 개인으로서는 세계 최초로 《사기》 전체를 완역했으며, 그 외에도 MBC 〈느낌표〉 선정도서인 《삼국유사》를 비롯해 《논어》, 《맹자》, 《대학 · 중용》, 《노자 도덕경》, 《장자》, 《한비자》, 《손자병법》, 《명심보감》, 《채근담》, 《정관정요》, 《정사 삼국지》(전 4권), 《당시》, 《송시》, 《격몽요결》 등 20여 권의 고전을 번역했다. 또한 《고사성어 사전: 한마디의 인문학》(편저), 《한문 해석 사전》(편저), 《중국 문화사》, 《중국 문학 이론의 세계》 등의 저서를 출간했고 40여 편의 논문을 발표했다. 2011년 환경재단 '2011 세상을 밝게 만든 사람들'(학계 부문)에 선정되었다. 삼성사장단과 LG사장단 강연, SERICEO 강연 등 이 시대의 오피니언 리더들을 위한 대표적인 인문학 강연자로도 널리 알려져 있다.

# 대학·중용 수양과 덕치의 고전

**1판 1쇄 발행일** 2020년 4월 13일
**1판 5쇄 발행일** 2024년 12월 16일

**지은이** 증자·자사
**옮긴이** 김원중

**발행인** 김학원
**발행처** (주)휴머니스트출판그룹
**출판등록** 제313-2007-000007호(2007년 1월 5일)
**주소** (03991) 서울시 마포구 동교로23길 76(연남동)
**전화** 02-335-4422 **팩스** 02-334-3427
**저자·독자 서비스** humanist@humanistbooks.com
**홈페이지** www.humanistbooks.com
**유튜브** youtube.com/user/humanistma **포스트** post.naver.com/hmcv
**페이스북** facebook.com/hmcv2001 **인스타그램** @humanist_insta

**편집주간** 황서현 **편집** 전두현 이영란 김선경 **디자인** 김태형 **표지글씨·전각** 강병인
**조판** 홍영사 **용지** 화인페이퍼 **인쇄** 삼조인쇄 **제본** 경일제책





ISBN 979-11-6080-381-5 04140
ISBN 978-89-5862-322-9 (세트)